suhrkamp taschenbuch 5346

»Wenn ich nur wüsste, wo ich meine Mutterzunge verloren habe«, fragt sich die Erzählerin in Sevgi Özdamars Prosadebüt von 1990. Nach vielen Jahren in Berlin ist ihr das Türkisch, ihre erste Sprache, fremd geworden. Auf der Suche nach ihren Wurzeln verliebt sie sich in den Schriftgelehrten Ibni Abdullah, der sie in die »Großvaterzunge« Arabisch, die Sprache der »heiligen« Liebe und des Korans einführt. Und sie erzählt das Märchen vom armen türkischen Bauern, der ins ferne Deutschland gelangt und sich dort als Straßenkehrer wiederfindet – wie so viele seines Volkes, das sich in den sechziger und siebziger Jahren in die Dienstbotenkaste westdeutscher Großstädte verwandelt. Zuletzt sinkt in diesem klugen, souveränen und mit koboldhafter Ironie erzählten Buch sogar Ophelia von der Bühne ihres Heimatlandes zur Putzfrau eines deutschen Theaters hinab.

»Die Dialektik der Selbstvergewisserung ist es, die das Glück ihrer Prosa ausmacht.« *Frankfurter Rundschau*

Emine Sevgi Özdamar, geboren 1946 in Malatya, Türkei, ist Schriftstellerin, Schauspielerin und Regisseurin. Mitte der siebziger Jahre ging sie nach Berlin und Paris und arbeitete mit den Regisseuren Benno Besson, Matthias Langhoff und Claus Peymann. Sie übernahm zahlreiche Bühnen- und Filmrollen und schreibt seit 1982 Theaterstücke, Romane und Erzählungen. Für ihr Werk erhielt sie viele Auszeichnungen, u. a. den Ingeborg-Bachmann-Preis, den Adelbert-von-Chamisso-Preis, den Kleist-Preis, den Düsseldorfer Literaturpreis 2022 und den Georg-Büchner-Preis 2022. Bei Suhrkamp erschien zuletzt ihr Roman *Ein von Schatten begrenzter Raum*. Emine Sevgi Özdamar lebt in Berlin.

EMINE SEVGI ÖZDAMAR
MUTTERZUNGE
Erzählungen

Suhrkamp

Erste Auflage 2022
Neuausgabe
suhrkamp taschenbuch 5346
© Suhrkamp Verlag AG, Berlin, 2022
Alle Rechte vorbehalten.
Wir behalten uns auch eine Nutzung des Werks
für Text und Data Mining im Sinne von § 44b UrhG vor.
Umschlaggestaltung: Rothfos & Gabler, Hamburg
Umschlagfoto: Privatarchiv Emine Sevgi Özdamar
Druck und Bindung: CPI books GmbH, Leck
Printed in Germany
ISBN 978-3-518-47346-7

www.suhrkamp.de

Für meine Mutter *Fatma Hanim*

MUTTERZUNGE

In meiner Sprache heißt Zunge: Sprache.
Zunge hat keine Knochen, wohin man sie dreht, dreht sie sich dorthin.
Ich saß mit meiner gedrehten Zunge in dieser Stadt Berlin. Negercafé, Araber zu Gast, die Hocker sind zu hoch, Füße wackeln. Ein altes Croissant sitzt müde im Teller, ich gebe sofort Bakshish, der Kellner soll sich nicht schämen. Wenn ich nur wüsste, wann ich meine Mutterzunge verloren habe. Ich und meine Mutter sprachen mal in unserer Mutterzunge. Meine Mutter sagte mir: »Weißt du, du sprichst so, du denkst, dass du alles erzählst, aber plötzlich springst du über nichtgesagte Wörter, dann erzählst du wieder ruhig, ich springe mit dir mit, dann atme ich ruhig.« Sie sagte dann: »Du hast die Hälfte deiner Haare in Alamania gelassen.«
Ich erinnere mich jetzt an Muttersätze, die sie in ihrer Mutterzunge gesagt hat, nur dann, wenn ich ihre Stimme mir vorstelle, die Sätze selbst kamen in meine Ohren wie eine von mir gut gelernte Fremdsprache. Ich fragte sie auch, warum Istanbul so dunkel geworden ist, sie sagte: »Istanbul hatte immer diese Lichter, deine Augen sind an Alamanien-Lichter gewöhnt.« Ich erinnere mich noch an eine türkische Mutter und ihre Wörter, die sie in unserer Mutterzunge erzählt hatte. Sie war eine Mutter von einem im Gefängnis in der Nacht nicht schlafenden Jungen, weil er wartete, dass man ihn zum

Aufhängen abholen wird. Diese Mutter sagte: »Ich kam aus dem Krankenhaus vor elf Jahren. Ich hab gesehen: der Garten war voll mit Polizisten, mein Kopf ist aus seinem Platz gesprungen, ich hab Nachbarn gefragt. Wahrscheinlich sind die hier für deinen Sohn, haben sie gesagt. Ich bin in den Garten gegangen, zu dem ersten Polizisten. Warum bist du in meinen Garten reingekommen, hab ich gesagt. Dein Sohn ist geschnappt worden, hat er gesagt. Warum soll mein Sohn geschnappt worden sein, hast du überhaupt Hausdurchsuchungspapier, habe ich gesagt, ich bin Analphabet. Er sagte ja. Also gehe ins Haus, such, hab ich gesagt. Das Haus wurde so voll mit ihnen, ich habe auf meinen Beinen gesessen, bin da geblieben, als ich fragte, was ist mit meinem Sohn, haben die gesagt: Dein Sohn ist Anarchist.«

Diese Mutter wusste nicht, wie viele Male sie seit elf Jahren geweint hatte, sie fiel zwei Mal auf ihre Knie, einmal, wie sie ihren Sohn im Gefängnis zum ersten Mal sah und nicht wiedererkennen konnte. Ein zweites Mal, als er das Wort »Aufhängen« im Stehen hören musste.

»Ich bin nie zum Gericht gegangen, letztes Gericht, die Richter werden sprechen, haben sie gesagt. Sein Vater ist hingegangen, kam zurück, als er durch die Tür reinkam, sah ich es in seinem Gesicht, die Nachbarn sind alle hinter ihm her, wir haben zusammen geweint, unser Hodscha von Gassenmoschee ist auf seinen Knien wie ein halber Mensch gestanden, geweint, der Aschenbecher, der so dick wie zwei Finger war, ist an dem Tag von seiner Mitte in zwei Teile gesprungen, ich hab ein ›Schascht‹ gehört, der Aschenbecher lag gerade vor mir.«

Dieser Sätze, von der Mutter eines Aufgehängten, erinnere ich mich auch nur so, als ob sie diese Wörter in Deutsch gesagt hätte.

Die Schriften kamen auch in meine Augen wie eine von mir gut gelernte Fremdschrift. Ein Zeitungsausschnitt. »Arbeiter haben ihr eigenes Blut selbst vergossen.« Streik war verboten, Arbeiter schneiden ihre Finger, legten ihre Hemden unter Blutstropfen, in das blutige Hemd wickelten sie ihr trockenes Brot, schickten das zum türkischen Militär, an das erinnere ich mich auch, als ob diese Nachricht vor einer Trinkhalle in mehreren Zeitungen gestanden ist, man sah es beim Vorbeigehen, fotografiert, lässt es fallen.

Wenn ich nur wüsste, in welchem Moment ich meine Mutterzunge verloren habe. Ich lief einmal in Stuttgart um dieses Gefängnis da, da war eine Wiese, nur ein Vogel flog vor den Zellen, ein Gefangener im blauen Trainingsanzug hing am Fenstergitter, er hatte eine sehr weiche Stimme, er sprach in derselben Mutterzunge, sagte laut zu jemandem: »Bruder Yashar, hast du es gesehen?« Der andere, den ich nicht sehen konnte, sagte: »Ja, ich hab gesehn.«

Sehen: *Görmek*.
Ich stand auf der Wiese und lächelte. Wir waren so weit weg voneinander. Sie sahen mich wie eine große Nadel in der Natur, ich wusste nicht, was sie meinten mit Se-

hen, war ich das oder ein Vogel, von einem Gefängnis aus kann man nur sehen, fassen, fühlen, fangen. Pflücken, das gibt es nicht.
Görmek: Sehen.

Ich erinnere mich an ein anderes Wort in meiner Mutterzunge, es war im Traum. Ich war in Istanbul in einem Holzhaus, dort sah ich einen Freund, einen Kommunisten, er lacht nicht, ich erzähle ihm von jemandem, der die Geschichten mit seinem Mundwinkel erzählt, oberflächlich. Kommunist-Freund sagte: »Alle erzählen so.« Ich sagte: »Was muss man machen, Tiefe zu erzählen?« Er sagte: »*Kaza gecirmek*, Lebensunfälle erleben.«
Görmek und *Kaza gecirmek.*

Noch ein Wort in meiner Mutterzunge kam mal im Traum vorbei. Ein Zug fährt, hält, draußen Verhaftungen, Hunde bellen, drei Zugkontrolleure kommen, ich überlege mir, ob ich sagen soll: »Ich bin Italienerin.« Meinen Pass, in dem Beruf *ISCI* (Arbeiter) steht, will ich verstecken, ich denke, wenn ich mich als Studentin oder als Künstlerin ausweisen kann, komme ich durch die Kontrolle durch, da ist eine Fotokopiermaschine groß wie ein Zimmer, sie druckt ein sehr großes Selbstporträt von mir als *ISCI* raus.
Görmek, Kaza gecirmek, ISCI.

Ich saß mal im IC-Zugrestaurant an einem Tisch, an einem anderen saß ein Mann, liest sehr gerne in einem Buch, ich dachte, was liest er? Es war die Speisekarte. Vielleicht habe ich meine Mutterzunge im IC-Restaurant verloren.
Ich konnte am Anfang hier den Kölner Dom nicht angucken. Wenn der Zug in Köln ankam, ich machte immer Augen zu, einmal aber machte ich ein Auge auf, in dem Moment sah ich ihn, der Dom schaute auf mich, da kam eine Rasierklinge in meinen Körper rein und lief auch drinnen, dann war kein Schmerz mehr da, ich machte mein zweites Auge auch auf. Vielleicht habe ich dort meine Mutterzunge verloren.
Stehe auf, geh zum anderen Berlin, Brecht war der erste Mensch, warum ich hierhergekommen bin, vielleicht dort kann ich mich daran erinnern, wann ich meine Mutterzunge verloren habe. Auf dem Korridor zwischen zwei Berlin eine Fotomaschine.
Ich bin am Berliner Ensemble, Kantine.
Meine Stiefel knirschen wie von einem Werbefilmcowboy. Die Kantinenarbeiter rauchen, reden über Töpfe und Teller, draußen warten Bierfässer, Gasflaschen, jeder redet über Arbeit.

Steh auf. Geh auf Fingerspitzen in die Türkei, in einem Diwan sitzen, Großmutter neben mir. In Istanbul im Türkischen Bad sitzen. Die Zigeunerbadearbeiterinnen werden mich waschen. Ein Nuttenbad war es, mich wusch mal eine Zigeunerin, sie fragte mich: »In welchem Haus arbeitest du, meine Schöne?«

Ich arbeitete in einer sehr politischen Kommune, ein Tag kam die Polizei, ich war das einzige Mädchen, der Kommissar fragte mich: »Diese Kerle hier, laufen die alle über dich?« Ich sagte: »Ja, sie alle laufen über mich, aber laufen vorsichtig.« Kommissar sagte: »Hast du kein Herz für deinen Vater, ich hab auch eine Tochter in deinem Alter, Allah soll euch alle verfluchen Inschallah.«

In den Polizeikorridor haben die auch den Bruder von Mahir gebracht, Mahir, der in den Zeitungen als Stadtbandit bekannt gemacht war. In den Tagen hatten sie Mahir mit Kugeln getötet. Mahirs Bruder saß da, als ob er in seinem Mund was Bitteres hatte und es nicht rausspucken konnte, er hatte ein sehr dünnes Hemd, ich hatte einen schwarzen Pulli mit Hochkragen.

»Bruder, zieh es an.« Mahirs Bruder sah mich an, als ob ich eine fremde Sprache spreche. Warum steh ich im halben Berlin? Geh diesen Jungen suchen? Es ist siebzehn Jahre her, man hat ihnen die Milch, die sie aus ihren Müttern getrunken haben, aus ihrer Nase rausgeholt.

Ich werde zum anderen Berlin zurückgehen. Ich werde Arabisch lernen, das war mal unsere Schrift, nach unserem Befreiungskrieg, 1927, verbietet Atatürk die arabische Schrift und die lateinischen Buchstaben kamen, mein Großvater konnte nur arabische Schrift, ich konnte nur lateinisches Alphabet, das heißt, wenn mein Großvater und ich stumm wären und uns nur mit

Schrift was erzählen könnten, könnten wir uns keine Geschichten erzählen. Vielleicht erst zu Großvater zurück, dann kann ich den Weg zu meiner Mutter und Mutterzunge finden. Inschallah.
In Westberlin gebe es einen großen Meister der arabischen Schrift.
Ibni Abdullah.

GROSSVATERZUNGE

In Wilmersdorf machte Ibni Abdullah die Tür auf, seine Hand roch nach Rosen. Ich lief hinter diesem Duft, ich trat in eine kleine Moschee, er hat ein 200-DM-Zimmer und seine Wände und Boden und Decke mit Teppichen und seidenen Stoffen angezogen, die Kissen sitzen auf der Erde artig, schläfrig, nur das Fenster zum Hof war unheilig unbarmherzig wach. Großmutter sagte mal, Paradies und Hölle sind zwei Nachbarn, ihre Türen stehen gegenüber. Ibni Abdullah sprach: »Selamünaleyküm.« »Aleykümselam.«
Es ist eine Gemeinheit, mit einer Orientalin in Deutsch zu reden, aber momentan haben wir ja nur diese Sprache.
»Wenn mein Vater mich in Ihre Hände als Lehrling gebracht hätte, hätte er mich in Ihre Hände gegeben und gesagt, ›Ja, Meister, ihr Fleisch gehört Ihnen, ihre Knochen mir, lehre sie, wenn sie ihre Augen und Gehör und ihr Herz nicht aufmacht zu dem, was Sie sagen, schlagen Sie, die Hand der schlagenden Meister stammt aus dem Paradies, wo Sie schlagen, werden dort die Rosen blühen.‹«
Ibni Abdullah sagte: »Ich denke, ich war im Schriftlehren vor neun Jahren besser, als ich zum ersten Mal nach Deutschland kam. Meine sieben Brüder sind im Krieg gestorben. Als ich auch verletzt war, sprach ich etwas laut gegen die Regierung, sie beschuldigten mich, ich sei von den fanatischen Islambrüdern.«

Ich sagte: »So viele tote Freunde habe ich hinter mir in meinem Land gelassen. Siebzehnjährige haben sie aufgehängt, ich bin für meine Regierung Kommunistin.« Ibni Abdullah sagte: »Hier in Deutschland aber kann ich in den Park gehen und meine Meinung laut sagen, hier gibt es Demokratie.«
Ich sagte: »Und wie viele Mal sind Sie in diesen neun Jahren in den Park gegangen und haben Ihre Meinung laut gesagt, das Geld hat keine Angst hier, es hat Zähne.« Ibni Abdullah sagte: »Wenn alle Araber ihre Gewehre auf die Erde herablassen und nur barfuß zusammen nach Jerusalem laufen würden. Israelis und Araber müssten unter der Sonne paar Tage Gesicht in Gesicht gucken, ohne Generale. Sieben Brüder, sieben Jahre hat meine Mutter sie in ihrem Körper getragen, Generale haben sie an einem Tag ausgegeben.«
Eine Weile die toten sieben Brüder saßen zwischen uns in diesem halbschlafenden Moscheeschriftzimmer. Wir schauten beide auf den Teppich, ob dort ein Tier rückwärtsgefallen war und sich nicht retten konnte. Ich sagte: »Die Welt ist Welt von Toten, wenn man die Zahl von Toten und Lebenden vergleicht.«
Ibni Abdullah sagte: »Der Tod ist ein schwarzes Kamel, es setzt sich vor jeder Tür nieder.«
Ich sagte: »Ist der Tod an einem weiten Ort, der Tod ist zwischen Augen und Augenbrauen.«
Ibni Abdullah sagte: »In der Welt, wenn der Tod näher kommt, es kommen vier Engel, vier Engel zusammen ziehen die Seele aus seinen Fingerspitzen, der Atem der

Sterbenden fließt wie ein Wasser aus dem Krug eines Wasserverkäufers zur Erde.«

Ich sagte: »Die Seele wird gezogen wie ein Dorn, der in einem nassen Fell feststeckt, der Sterbende wird denken, seine Seele ging durch ein Nadelloch durch. Der Himmel kam und legte sich über die Erde, und die Seele bleibt dazwischen, der Engel wird die Seele in seine Hände nehmen, die Seele wird zittern wie Quecksilber.«

Ibni Abdullah sagte: »Wenn die Seele sich vom Herzen trennt, der Sterbende sieht nicht mehr, aber er wird sein Gehör zuletzt verlieren.«

»Jetzt lesen Sie bitte die ersten Buchstaben.«

Elif be dal zal re.

Ich ging aus dem Schriftzimmer mit fünf ersten arabischen Buchstaben raus zum anderen Berlin. Ich setzte mich vor dem Berliner Ensemble in den Park, dort will ich lernen. Da stand eine Statue von Brecht, er sah wie ein pensionierter Alter aus, saß da mit geschlossenen Augen, wenn die Kinder laut sind, wird er sie wegjagen, ich wollte, dass diese Statue verschwindet und Brecht mit Mütze und Flöte dasteht.

Ich trat ins Schriftzimmer ein. Das Schriftzimmer war heute noch schläfriger, es roch nach Menschen. Ibni Abdullah sagte: »Viele Deutsche sind meine Schüler, Orientalisten, Orientalistinnen, ich glaube, man kann mit Schrift den Frieden zwischen Allahs Untertanen

bringen, viele meiner Schüler wählen Grün. Wissen Sie, was Grün ist?«
»Grün ist, was nicht rot ist.«
Der Diwan, auf dem ich saß, machte mich artig. Ich sah dort auf mich wartende Buchstaben.
»Lies«, sagte der Ibni Abdullah.
»Ich kann nicht.«
»Lies, Gott hat es uns geschickt.«
Es kamen aus meinem Mund die Buchstaben raus. Manche sahen aus wie ein Vogel, manche wie ein Herz, auf dem ein Pfeil steckt, manche wie eine Karawane, manche wie schlafende Kamele, manche wie ein Fluss, manche wie im Wind auseinanderfliegende Bäume, manche wie laufende Schlangen, manche wie unter Regen und Wind frierende Granatapfelbäume, manche wie böse geschreckte Augenbrauen, manche wie auf dem Fluss fahrendes Holz, manche wie in einem Türkischen Bad auf einem heißen Stein sitzender dicker Frauenarsch, manche wie nicht schlafen könnende Augen.

Ich ging mit Kamelen und weinenden Frauenaugen wieder zum anderen Berlin. Im Berliner-Ensemble-Park saßen zwei alte Frauen. Jede biss an einem Apfel.
Ich ging zur Grenze, eine dicke blinde junge Ostfrau lief die Treppen von der Grenze und gab ihren Pass zu dem Polizisten, dann ging sie Richtung Westen, andere Ältere kamen Richtung Osten, in ihren Taschen Erdnüsse. Als ich im Westen war, ich schaute auf die Erde, sagte: »Ah, hier hat es auch geregnet.«

Ich trat ins Schriftzimmer ein. Über den Tüchern warten die Buchstaben auf mich. Heute manche haben würdevolle Gesichter, sie hören das Rauschen ihres Herzens, manche ihrer Augen sind ganz, manche halb geschlossen. Manche sind dünne Waisen mit bleichen Gesichtern, manche Allahs Vogel, sie wandern Hand in Hand.
Ibni Abdullah hat meine Hand aufgemacht und einen neugeborenen Paradiesvogel da reingetan.
»Sie sind heute unkonzentriert, das nimmt mir meine Konzentration auch weg, Sie müssen, wenn Sie so sind, an den Tagen keinen Unterricht kriegen«, sagte Ibni Abdullah, schickte mich weg.

Als ich wieder zum Schriftunterricht nach Wilmersdorf kam, war die Tür schon offen, Ibni Abdullah saß mit viel Baklavas auf dem Boden, er sagte: »Allahs Gast, wir müssen süß essen, süß reden.«
»Heute wirst du, was du gesät hast, ernten«, sprach Ibni Abdullah, »schreibe.«

> Im Namen Allahs
> das Erbarmen des Barmherzigen,
> wenn der Himmel sich spaltet
> und wenn sich die Sterne zerstreuen
> und wenn sich die Wasser vermischen
> und wenn die Gräber umgekehrt werden,
> dann weiß die Seele, was sie getan und unterlassen hat.

O Mensch, was hat dich von deinem hochsinnigen
Herrn abwendig gemacht.

Als ich zum Schreiben mein Hemdärmel hochzog, sah
ich, dass Herr Ibni Abdullah auf meine Handgelenke
schaute, als ich die Schrift zu Ende geschrieben hatte,
sah ich ihn noch immer auf meine Handgelenke gucken,
Ibni Abdullahs Gesicht sah wie ein zorniger Buchstabe
aus, der seine eine Augenbraue hochgezogen hatte.
»Ich will Ihnen einen arabischen Kaffee machen.«
»Man sagt bei uns, eine Tasse Kaffee hat vierzig Jahre
Freundschaft«, sagte ich. Ibni Abdullah sagte: »Mir ist
vierzig Jahre nicht genug.« Ich trank, ohne zu sprechen,
zwei Tassen arabischen Kaffee. Ibni Abdullah nahm die
leere Kaffeetasse aus meiner Hand, sagte: »Wir werden
uns einen Monat nicht sehen, ich werde weit weg sein,
sehr weit, ich fliege morgen nach Arabien, ich bringe
sie zur Linie 1.«
Wohin soll ich gehen, Linie 1?
Linie 1 sagte: »Ich weiß es nicht.«
»Ich will aber nach Arabien«, sagte ich.
Ich ging zur S-Bahn. In der S-Bahn standen zwei Frauen
von Ost- nach Westberlin, eine Frau war blind, die andere war nicht blind, die Nichtblinde sagte zu der Blinden »Jetzt gehen wir zu ALDI zu ALDI.«

Meine Freunde tun in eine Filmzeigermaschine Kurzfilme von 1936. Sie hatten sie von einer alten Frau gekauft,
ihre Jugend. Sie sind vier Freunde, zwei Männer, zwei

Frauen, sie machen Urlaub am Rande eines Flusses, in der kleinen Stadt hängen Fahnen von damals, klirren am Rathaus. Es gibt keine Menschen auf den Straßen, die vier essen, trinken, schmeißen sich gegenseitig in den Fluss. Meine Freunde sagten: »Ach, diese Dreißiger-Jahre-Aluminiumtassen.« Der Junge, der den Film zeigte, hatte eine sehr große Stimme, seine Stimme stieß sich mit der Wand, kam zurück als Echo. Ich hatte Schmerzen in meinem Körper, ein Fieber kam und trennte mich von anderen Lebenden, ich legte mich hin, sah, wie der Schmerz meine Haut aufmachte und sich in meinem Körper überall einnähte, ich wusste, dass in diesem Moment Ibni Abdullah in meinen Körper reingekommen war, dann war Ruhe, Schmerz und Fieber gingen weg, ich stand auf.

Ich lief einen Monat lang mit Ibni Abdullah in meinem Körper in beiden Berlin. Im Osten ging ich in einen Gemüseladen. Wenn ich dort einkaufte, jedes Mal fühlte ich, dass ich dem Land etwas klauen werde. Aus Angst vor der Verkäuferin habe ich das Geld in den Einkaufskorb reingetan, damit sie es sieht. Die Verkäuferin sah es, sagte: »Ich dachte, ich werde verrückt, wie ich das Geld im Korb sah.«

Einmal lief ich mit Ibni Abdullah in meinem Körper auf der Straße, es kamen ein Mann und eine Frau, sie sind erst an mir vorbeigegangen, dann haben sie sich in die Augen geguckt und mit ihren Köpfen rechts und links gewackelt. Ich blieb stehen, dann kamen zwei Männer. »Meine Herren, spielt in meinem Gesicht ein Affe?«

»Nein«, haben die zwei Männer gesagt, »Ihr Gesicht ist sehr normal.« »Das Ehepaar hat sich vorhin über mich lustig gemacht.« Die zwei Männer sagten: »Nein, nein, Ihr Gesicht ist sehr normal, aber besser hätten sie das Ehepaar gefragt.«

Ich stand mit Ibni Abdullah in meinem Körper vor der Grenze. Ein Ostgroßvater fragte einen anderen Ostgroßvater: »Kommst du rüber?« Der andere sagte: »Nein, heute gehe ich nicht rüber, heute habe ich frei, heute habe ich Geburtstag.«

Ich ging zum Kudamm, stand da, zählte alle arabischen Männer, die da vorbeikommen, ich setzte mich in ein arabisches Restaurant, schickte den Kellner sechsmal Wasser holen, damit ich sechsmal Araber zähle. Ich ging den arabischen Frauen mit Kopftüchern hinterher, ihre schwangeren Töchter neben ihnen, ich will unter ihre Röcke gehen, ganz klein sein, ich will ihre Tochter sein in Neukölln. Turmstraße. Ich will mit denen nach Arabien, ich bin bei Ibni Abdullah, seine Mutter ist da, mein Gesicht ist unter Kopftüchern, ich gehe mit Ibni Abdullah einmal zur Männergesellschaft, ich habe halb Mann-, halb Frauenkostüm, ich singe dort ein Lied aus dem Koran, ich habe Angst vor den Wangen von Ibni Abdullah, sie sind wie von Khomeinis Mullah. »Die Sünden sollst du tragen«, sagt Ibni Abdullah und liebt mich in einer Moschee. Er hat ein Tuch über seiner Schulter. Die Lichter kommen von oben, zerbrechen auf dem Weg, legen sich auf die Teppiche, auf diesen Teppichen haben Menschen gesessen, ihre Hände aufgemacht, mit Allah gesprochen, in dem Moment hatten sie niemanden außer ihm. Ibni Abdullah setzt mich auf ein Blumenmotiv auf dem Teppich, er nahm meine Brustwarzen, ich lege meine Hände zur Sonne an seinem Hals. Ach, der mit schnellen Flügeln. Sehr hoch Fliegender, setz dich nieder vor meiner Tür auf meine Erde, wo du ruhen kannst, sind meine Augenpupillen, meine Tränen sollen dein Trinkwasser sein.

Ich ging mit Ibni Abdullah in meinem Körper in Häuser rein, zählte die arabischen Namen an den Türen. Am Abend hab ich geträumt. Ich bin im Schriftzimmer von Ibni Abdullah. Ich und er nehmen Plastikfolien von den seidenen Tüchern. Da ist ein großes Bett, hat blaues Betttuch, da gibt es noch zwei Betten, sehr alte Kinderwiegen, sie stehen nebeneinander, in einem lag Ibni Abdullah und passte auch da rein, er sagte mir, ich soll mich in das andere Kinderbett legen.

In einem anderen Traum: Großmutter lag nackt, tot da. Ich hebe sie auf, lege sie in einen Sarg. Ihr Kopf stößt an die Sargwand. Ihre Haut ist noch warm. Eine Streichholzschachtel, groß. Darin sind Brotstücke, für Großmutter, wenn sie unter der Erde liegt, falls sie nicht tot ist, damit sie nicht verhungert. Ich mache die Schachtel auf. Brot ist zum Teil gegessen. Ich sah ihre Haare. Viel graue Haare. Ich sammle sie auf einem Papier für mich.

Ich bin im Zimmer von Ibni Abdullah, ich versuche die Schriften zu lesen, ich bin sehr durcheinander, Ibni Abdullah kam, legte seinen Mund zwischen meine Wange und Mund, ich bin ruhig.

Ich trat in das Schriftzimmer in Wilmersdorf ein. Er küsst zum ersten Mal meine Wangen. Seine Mutter hat ihm eine Wollweste gestrickt. Er, ich und die Scham sitzen in dem Schriftzimmer. Die Vorhänge zum grauen Hof sind zu.
»Den Duft hier benutzen die Prinzessinnen in Arabien, ich habe es Ihnen gebracht«, sagte Ibni Abdullah, dann machte er mein Heft auf: »Ich bin so aufgeregt, als ob ich Schülerin wäre.« Ibni Abdullahs Gesicht hat etwas von einem bettelnden Buchstaben, der auf Knien läuft. »Wo waren wir geblieben vor einem Monat.« Ich pustete ein langes »Offff«, meine Stimme ging und stieß an einen langen japanischen Ast, der in einer Vase stand. »Machen Sie es uns nicht noch schwerer, lesen Sie.«

> Der dich geschaffen, gebildet und geformt hat
> in der Form, die ihm beliebte, dich gefügt hat,
> fürwahr, und doch leugnet ihr das Gericht.
> Aber siehe, über euch sind wahrliche Hüter,
> Edle, Schreibende,
> welche wissen, was ihr tut.
> Siehe die Rechtschaffenen, wahrlich in Wonne
> werden sie wohnen.
> Und die Missetäter im Höllenpfuhl,
> sie werden darinnen brennen am Tag des Gerichts
> und sollen nimmer aus ihr heraus.
> Und was lehrt dich wissen, was der Tag des Gerichts ist?
> Wiederum was lehrt dich wissen, was der Tag des Gerichts ist?

An jenem Tage wird eine Seele für die andere nichts vermögen,
und der Befehl ist an jenem Tage Allahs.

»Auf deine Anwesenheit, dass du wieder hier bist, würdest du etwas mit mir trinken?«, sagte Ibni Abdullah. Ich trank langsam. Wenn die Flasche leer ist, ich muss gehen.
Ibni Abdullah schaute nicht in mein Gesicht, er schaute auf die Kerze, bis die Kerze ausging. Er sagte: »Das Licht, wie das Licht zergeht.« Als die Kerze nicht mehr da war, schaute er nur auf die Gläser, sagte: »Ich hab so Durst, ich denke, mein Durst wird nie ein Ende nehmen.« Dann legte er eine Kassette ein, ein Mann sang aus dem Koran. Es war so: Ein Herz wartet, dann kam ein Feuer, das Herz schmolz wie Blei in das Feuer, so ging das Feuer aus, das Herz steht wieder als Ganzes da, dann kam wieder das Feuer, das Herz schmolz sich ins Feuer.
Als diese Herzstimme schwieg, fing Ibni Abdullah an zu zittern, ich konnte ihn nicht fassen, meine Hände lagen wie Buchstaben ohne Zunge auf meinen Knien. »Ich hab Sie in meinem Traum gesehen, da waren zwei Kinderbetten, Sie lagen in einem und passten auch da rein. Sie sagten mir, ich kann mich in das andere legen.«
»Was soll das wohl bedeuten.«
»Ich weiß es nicht«, sagte ich und schaute lange auf den Kachelofen, der hinter ihm stand. Ibni Abdullah warf sich auf meinen Schoß, zwei Tage blieben wir so, wir

sprachen nicht, aßen nicht, er machte seinen Schülern die Tür nicht auf, ging nicht ans Telefon, er sprach nach zwei Tagen die ersten Sätze. »Ich will leben, seit neun Jahren habe ich in diesem Land keine Freude gehabt, das ist die Liebe, du wirst bei mir bleiben, widersprich nicht, mein Gott, ich will nichts hören, du bleibst bei mir, ich habe gemerkt, dass du viele Schmerzen hast.«
Ibni Abdullah teilte das Schriftzimmer mit einem Vorhang.
Ich saß in einer Hälfte, in der anderen Hälfte unterrichtete er für Orientalisten die arabische Schrift, zwischen den Unterrichten kam er zu der Hälfte des Schriftzimmers, schaute auf mich, als ob ich eine seltene Blume wäre, schaute in meine Augen, aus seinem Herz kamen so viele »Ach« raus, er kochte, wir essen, dann machte er die Schriften auf, sagte: »Das wirst du jetzt lernen.« Ich lernte sehr leise, hinter dem Vorhang waren sie laut, ihre Sätze und meine Sätze mischten sich.
Ich: »Siehe, Allah lässt keimen das Korn und den Dattelkern.«
Die anderen: »In ihrem Geiz gegen euch, wenn die Furcht naht, dann siehst du sie auf dich schauen mit ...«
Ich: »... hervor bringt er das Lebendige aus dem Toten und hervor ...«
Die anderen: »... rollenden Augen wie einer, der vom Tod ...«
Ich: »... das Tote aus dem Lebendigen, das ist Allah und wie ...«
Die anderen: »... überkommen wird, ist aber die Furcht vergangen, dann ...«

Ich: »Seid ihr abgewendet.«

Die anderen: »Empfangen sie euch mit scharfen Zungen, habgierig nach dem ...«

Ich: »... anbrechen lässt er den Morgen, und bestimmt hat er die Nacht zur Ruhe ...«

Die anderen: »... besten – diese haben keinen Glauben, drum wird Allah ...«

Ich: »... und Sonne und Mond zur Berechnung der Zeit.«

Die anderen: »... die ihre Werke zunichtemachen, und dies ist Allah leicht.«

Ich konnte aus diesem Schriftzimmer nicht mehr raus. Ibni Abdullah ging nach seinen Schriftunterrichten abends weg, ich zog den Vorhang zur Seite, saß mit Schriften in dieser Moschee, die Schriften lagen auf dem Teppich, ich legte mich neben sie, die Schriften sprachen miteinander ohne Pause mit verschiedenen Stimmen, weckten die eingeschlafenen Tiere in meinem Körper, ich schließe Augen, die Stimme der Liebe wird mich blind machen, sie sprechen weiter, mein Körper geht auf wie ein in der Mitte aufgeschnittener Granatapfel, in Blut und Schmutz kam ein Tier raus. Ich schaue auf meinen offenen Körper, das Tier fasst meinen offenen Körper, leckt meine Wunden mit seiner Spucke, ich hatte Steine unter meinen Füßen, ein Meer soll sich mal zurückgezogen haben, eine unendliche Landschaft blieb nur mit Steinen, ihr Glanz hatte sie verlassen, die Steine schrien: »Wasser, Wasser.« Ich sah, wie das Meer aus dem Mund dieses Tieres rauskam. Das Meer floss über die gestorbenen Steine, die Steine bewegten sich, das Wasser hebt mich hoch, ich lag da, über dem Körper vom Wasser schlief ich ein. Als ich wach war, war es dunkel, es war weder ein Tier zu sehen noch Steine, noch das Meer, wohin waren die gegangen. Ich drehte mich um meine rechte Seite, da lagen auf dem Teppich die Schriften, die Rosenkränze auf den Wänden schauten mit ungeheurer Ruhe auf mich. Das Feuer, das aus meinem »Ach« rauskam, kann nur Ibni Abdullahs Feuer auslöschen.

»Hier ist schön ruhig, nicht«, sagte Ibni Abdullah, »du suchst die Ruhe, ruh dich aus, ich muss unterrichten, hier ist Tee.«

Vorhang zu. Ich drückte das Teeglas über mein Herz, damit das Herz sich auf seinen Platz zurücksetzt. Ich war wie ein neugeborener nasser Vogel, der sehr große Geduld haben musste.

Diwan, auf dem ich auf meinen Beinen saß, gib mir meine Erinnerungen.

Ich bin ein Vogel. Geflogen aus meinem Land, ich war auf den Autobahnen am Rande der XY-ungelöst-Städte. Vorhang ging auf.

»Du feine Rose meiner Gedanken,
Du lustige Nachtigall meines Herzens.
Ich hab dich gesehn.
Dein feuriger Mund,
deine Grübchen in deinen Wangen.

Du hast mich verbrannt«, sagte Ibni Abdullah, »das ist ein Lied.«
»Das ist auch ein Lied«, sagte ich.
»Ich laufe, die Liebe hat mich gefärbt ins Blut, mein Kopf ist weder bei mir, weder weg von mir, komm und sieh, was die Liebe aus mir gemacht hat, deine Liebe hat mich gesehen, hat mein Herz rausgenommen, es krank gemacht, hat Absicht, es zu töten, manchmal bin ich wie ein Wind, manchmal wie staubige Wege, manchmal schlage ich wie Wasser auf Wasser, komm und sieh mich, was die Liebe aus mir gemacht hat.« Ibni Abdullah sagte: »Sing noch ein Lied.« Ibni Abdullah zog sich eine Turnhose an, wir saßen jeder in einer Ecke des Schriftzimmers, zwischen uns ein Tablett, Mezes, Raki, Wein.
Er sagte: »Du trinkst mit demselben Tempo wie ich, sehr schön.«
Weingebender, bring mir Wein, nimm meinen Verstand mit Wein weg, es hat keinen Wert diese Welt, ich will ein in deinen Händen spazierendes Weinglas sein, mein Schatten soll sich nur in dein Gesicht legen. Knabe, bist du aus einer Huri geboren, mein Verstand ist aus seinem Ort weggeflogen, deine Wimpern sind Pfeile, die mein Blut tranken, deine saubere Stirn ist ein verfluchtes Meer, kann die Kraft am Knie bleiben, wenn man in deine schwarzen Augen guckt, dein Mund, wenn er was sagt, das bringt die Toten ins Leben zurück.
Ibni Abdullah sagte: »Wann hast du zum ersten Mal Arabisch gehört?«

Ich sagte: »Mein Vater stand in der Nacht auf, suchte im Radio Arabisches Radio, das Zimmer war dunkel. Radio war damals eine große Schachtel, Vater brachte einen grünen Strich im Radio hin und her, suchte eine arabische Stimme, wenn er sie gefunden hatte, konnte er seine Augen vom Radio nicht wegtun, vielleicht wäre die Stimme abgehauen, wenn er seine Augen nicht da festhielt. In meinen Schlaf diese Stimmen sind reingekommen, ich liebte meinen Vater. Mein Vater diese Stimmen. Ich dachte damals, diese arabischen Sänger seien beste Freunde von meinem Vater, nicht nur das, auf den Raki-Flaschen gibt es ein Bild, zwei Männer sitzen und trinken Raki. Ich glaubte, in diesem Bild ein Mann ist mein Vater, der andere ist sein Raki-Freund buckliger Rifat: Manche haben gesagt, nein, einer ist Atatürk, und der andere ist ein anderer Minister, ich glaubte weiter, dass er mein Vater ist. Ich habe zu Atatürk-Todestagen schreiend Gedichte gelesen und geweint, aber er hätte die arabische Schrift nicht verbieten müssen.

Dieses Verbot ist so, wie wenn die Hälfte von meinem Kopf abgeschnitten ist. Alle Namen von meiner Familie sind arabisch: Fatma, Mustafa, Ali, Samra. Gott sei Dank, ich gehöre noch zu einer Generation, die mit vielen arabischen Wörtern aufgewachsen ist. Ich suchte arabische Wörter, die es noch in türkischer Sprache gibt. Ich fragte Ibni Abdullah: »Kennst du sie?«

Leb – Mund
Ducar – befallen

Mazi – Vergangenheit
Medyun – verbunden
Meytap – Feuerwerkskörper
Yetim – Waise
»Ja«, sagte: Ibni Abdullah, »es hört sich ein klein bisschen anders an.«
Ich sagte: »Bis diese Wörter aus deinem Land aufgestanden und zu meinem Land gelaufen sind, haben sie sich unterwegs etwas geändert.«
Ibni Abdullah sagte: »Lass uns unsere Laken ins Bett legen, das Zimmer ist etwas kalt, nicht, dass wir dich erkälten.«
»Ich habe Krieg gesehen, fast tötete mich ein sehr junger israelischer Soldat. Wenn einer mich nicht gerettet hätte, ich wäre aus dieser Welt weggegangen. Er ist aber auf eine Seite gefallen und gestorben. Ich soll meine Hand über meinen Mund gehauen haben in diesem Moment. Jemand sagte mir, du bist gerettet. Ich bin so durcheinander neben dir, du bist die gedrehten Haare von meinem Lebensfaden, ich hoffe, ich finde sein Ende nie.« Ibni Abdullah legte seine Füße übereinander und die legte er über meine Füße, sagte:
»Du, mein Rosenbaum im Garten des Gebetes.
Auf das Gesicht der Erde sich niederlassender Amberduft.
Wenn du mich anguckst, setzt sich
ein Vogel auf meine linke Schulter und
fliegt und setzt sich auf die andere Schulter.«
In seinem Schlaf spricht Ibni Abdullah weiter:

»Geduld ist das Haupt aller Dinge.« Ich sprach zu dem Ibni Abdullah, der in meinem Körper ist: »Die ganze Welt sind wir, er wird nicht in mich reinkommen, wir werden keine Kinder machen, keine Brüder werden geboren, die sich töten, S-Bahnen werden nicht mehr arbeiten, keiner kann sich vor S-Bahnen schmeißen, es werden keine Arbeiter in die Welt kommen, deren Tod nicht mal ihre Müdigkeit ihnen wegnehmen kann, es wird keine zwischen den Ländern den Tod suchenden Emigranten geben. Es gibt nur uns, wir werden unser Leben keiner Leiche verdanken, jeder Tote ist ähnlich dem Lebenden und stellt dem Lebenden die Frage vom Tod. Palästina wird nicht gegründet und nicht getötet, die Waschbecken, die Stehlampen, die Tische werden nicht sein, alle Stifte werden wir vergessen.«
Ibni Abdullah erwachte, sagte: »Schlaf, ganze Nacht bist du schlaflos.«
»Gib mir deine Spucke in meinen Mund.«
Er gab. Seine Spucke ist ein silbernes Getränk, ich trank es und betete: »Mein Allah, mit der tötenden Liebe mach mich bekannt, trenn mich nie einen Moment von der tötenden Kraft der Liebe, hilf mir genügend, hilf meinem Kummer, das heißt, mach mich abhängig von den Schmerzen der Liebe, solange ich lebendig bin, trenne mich nie vom Fluch der Liebe, ich möchte verflucht sein, weil der Fluch möchte mich.«

»Jetzt konzentrieren wir uns schön und lernen«, sagte der Ibni Abdullah.

»Wenn jener Tag kommt, dann wird keine Seele sprechen, es sei denn, mit Seiner Erlaubnis, und die einen von ihnen sollen elend sein und die anderen glückselig. Was die Elenden anlangt, so sollen sie ins Feuer kommen und drinnen seufzen und stöhnen. Ewig sollen sie darinnen verbleiben, solange Himmel und Erde dauern, es sei denn, dass dein Herr es anders wolle, siehe, dein Herr tut, was er will.«

Ich lernte die Schrift schlecht, weil ich immer mit dem Ibni Abdullah, der in meinem Körper war, mit anderen Wörtern sprach: »Du Seele in meiner Seele, keine ist dir ähnlich, ich opfere mich für deine Schritte. Mit deinen Blicken schautest du mich an, ich gebe mich zum Opfer deinem Blicke. Verwahrlost, Haar gelöst, fortwimmern will ich, mit einem Blick hast du meine Zunge an deine Haare gebunden. Ich bin die Sklavin deines Antlitzes. Zerbrich nicht diese Kette, lehne mich nicht ab, Geliebter, ich bin die Sklavin deines Gesichts geworden, sag mir nur, was tue ich jetzt, was tue ich jetzt.«

»Du bist ungeduldig, unkonzentriert«, sagte Ibni Abdullah. »Die Schrift verzeiht es dir nicht.«

Ibni Abdullah nahm mein Heft, die Fehler mit seinen Augen zu sehen, setzte das Heft auf seine Knie, und wie ein betender Mensch schaute er auf die Schrift, nur einmal schaute er auf mich, als ich ein kleines Kissen zwischen meine Beine nahm und auf meine Schenkel fest drückte.

Ich sprach zu dem Ibni Abdullah, der in meinem Körper war:

Mein Herz wollte fliegen, hat keine Flügel gefunden, meine Liebe ist ein Hochwasser, es schreit, wirft mein Herz vor sich her, es weint, keine Hand habe ich gefunden, die sie ihm abwischt, ich habe mich in Liebeshochwasser gehen lassen, ich habe kein Wörterbuch gefunden für die Sprache meiner Liebe. Ich sprach wie die Nachtigall, blass geworden wie die Rosen. Das ist ein Weh, ein Geschrei, so frei, so frei. Dann kam noch ein Lied:
Hab Angst, dass ich sterbe. Bevor ich sterbe, will ich ihn noch mal sehen, sein Gesicht, mein Gesicht, zwischen uns der Mond, als ich im Garten war, weinten die Äste, habt ihr meinen Geliebten gesehen, Sterne, Monde, jetzt weint er vielleicht, sagt zu oft »Ach«, gebt nur einen Weg rauchender Berge, ich will zu ihm – man sagt, der Tod ist billig.
Ibni Abdullah sagte: »Wenn du das Gefühl hast, dass du gut gelernt hast, musst du unbedingt noch mindestens zweihundertfünfzigmal die Wörter wiederholen, wenn du das heute mit Geduld lernst, werde ich heute Nacht meine Nacht hier verbringen.«
Er machte Vorhang zu, machte seinen Schülern die Tür auf.
Ich lernte nicht nur mein Schriftstück, lernte die Wörter, die hinter dem Vorhang gesprochen wurden, mit, dann kam wieder ein türkisches Lied, und das mischte sich in die arabischen Wörter:
Koran: »Wenn jener Tag kommt, dann wird keine Seele sprechen.«

Türkisches Lied: »Mein Leben lang will ich deine reine Liebe in meinem Herzen lassen.«
Koran: »Es sei denn, mit seiner Erlaubnis.«
Türkisches Lied: »Ich werde sie nie beschmutzen, wenn ich mich auch ins Feuer werfe.«
Koran: »Was die Elenden anlangt, so sollen sie ins Feuer kommen.«
Türkisches Lied: »Ich werde nie satt werden, wenn ich auch tausend Jahre an diesem Busen läge.«
Koran: »Ewig sollen sie darinnen verbleiben, solange Himmel und Erde dauern.«
Türkisches Lied: »Ich will eine Nacht, die ich mit dir habe, lebenslang im Leben lassen.«
Koran: »Es sei denn, dass dein Herr es anders wolle, siehe, dein Herr tut, was er will.«

Ibni Abdullah lag neben mir wie eine Mutter, die ihr Kind gut zugedeckt hat. Er sagte: »Meine Schöne mit der Ferse der Taube.«
»Soll ich dir was erzählen, was meine Großmutter mir erzählt hat?«
»Ja, erzähle.«
Es war einmal, es war keinmal, es gab in einem Land ein Mädchen, es kam jede Nacht ein Vogel, klopfte an ihr Fenster, sagte: »Du wirst vierzig Tage bei einem Toten warten.« Das Mädchen stand auf, ging mit diesem Vogel mit, sie kamen in ein Haus rein, sie trat in ein Zimmer, da lag ein Toter, ein sehr schöner Mann, so schön wie der vierzehnte Tag des Mondes. Das Mädchen setzte

sich hin und wartete bei diesem Toten. Neununddreißig Tage gingen weg, am vierzigsten Tag kam eine andere Frau, klopfte ans Fenster, sagte: »Kaufen Sie diesen Liebessirup, so werden Sie sehr geliebt.« Das Mädchen machte das Fenster auf, trank den Sirup, fiel dort in Ohnmacht. Die andere Frau setzte sich neben den Toten, der Tote machte seine Augen auf, sah die wartende Frau, sagte: »Hast du vierzig Tage bei mir gewartet?« Die Frau sagte: »Ja, und das Mädchen, das du da siehst, ist meine Dienerin, eine Zigeunerin.« Der Mann nahm diese Frau zur Frau, vierzig Nächte, vierzig Tage heirateten sie. Das Mädchen diente und horchte in den Nächten die Liebesgeräusche von dem Mann und der Frau. Der Mann wollte eines Tages in die Stadt, er fragte das Mädchen: »Was soll ich dir aus der Stadt bringen?« Sie sagte: »Einen Geduldstein und ein scharfes Messer.« Kein Kokosnussöl, keine Kleider. Der Mann brachte, was sie wollte, versteckte sich hinter der Tür, hörte zu. Das Mädchen nahm den Geduldstein und erzählte dem Geduldstein von ihrem vierzig Tage Warten und fragte den Stein: »Geduldstein, hättest du das alles ausgehalten?« Der Geduldstein atmete und atmete, wurde größer und größer und platzte in tausend Stücke, das Mädchen nahm das Messer, brachte es über ihr Herz. »So war es also«, sagte der Mann. Er fragte die andere Frau, ob sie vierzig Beile möchte oder vierzig Pferde, die Frau sagte: »Was soll ich denn mit vierzig Beilen machen, gib mir vierzig Pferde, so will ich zu meiner Mutter, Vater gehen.« Er band die Schwänze von den Pferden und jagte die Frau in die

Berge. Jedes Stück von der Frau blieb auf einem Berg, so nahm der Mann das Mädchen zur Frau.

Ibni Abdullah sagte: »Weißt du, ich habe in Arabien zu lange mit älteren Leuten gelebt. Ich bin irgendwie faul geworden, ich war achtundzwanzig Jahre alt, meine Nachbarin hat mich zum Beten eingeladen, ich krempelte meine Hemdsärmel runter zum Beten, die hat den Zimmerschlüssel aus ihrem Fenster rausgeschmissen und mich entjungfert, ich lief im Zimmer umher, aber sie hat mich geschnappt, und deine erste Erfahrung, wie war die?«

»Ich lief in Berlin, Benno Ohnesorg war getötet, es kam ein hinkender Kommunist aus der Türkei, er wollte uns für die Partei der Arbeiter mobilisieren, ich saß im Kino, er saß auch in demselben Film, es war ein Film von Eisenstein, Alexander Newski, dort dachte ich, ich muss heute Nacht von dieser Jungfernhaut mich retten, er ist Kommunist, er hinkt, ich schlafe mit ihm, er wird mich in Ruhe lassen. Dann hat er mich zum Café Kranzler zum Teetrinken eingeladen, ich schaute immer auf die Uhr, ich wollte, dass die letzte U-Bahn weg ist, dann war die U-Bahn weg, er sagte, er hat zu Hause eine kleine Flasche Raki, aus der Türkei. Er sagte mir am nächsten Tag, ich bin keine Jungfrau, im Bus kam Blut, ich lachte im Bus, er dachte vielleicht, ich mache ihm seine politische Karriere kaputt. Seine Karriere machten ihm die Generale kaputt.«

Ibni Abdullah legte seine Füße übereinander und die legte er über meine Füße, schlief ein.

Ich träumte, ich klingele an einem großen Laden, Ibni Abdullah macht die Tür auf, an der Wand des Ladens läuft ein Film. Eine Frau und ein Mann lieben sich im Bett, es fängt harmlos an, dann sind zwei Hände da, die teilen mit einer Axt den Körper von der Frau in zwei, der Oberkörper von der Frau bewegt sich, der untere Teil lag still da.

Ich wachte auf, sagte: »Mein Allah, gib mir zwei Flügel, oder mach mich zum Vogel, entweder mach mein Herz zu Stein, oder gib mir einen Geduldstein.«

Ibni Abdullah schlief da mit Ruhe, er war Mann und Frau, er lag da wieder wie eine Mutter, die ihr Kind gut zugedeckt hatte, sein Penis atmete wie ein Herz. Im Schlaf.

Ich wusste nicht, was ich machen sollte, ich weinte in der Nacht auf einem Blatt Papier, auf den Rücken des Blattes schrieb ich: Ibni Abdullah, drehe das Blatt und schaue auf das leere Blatt, dort wirst du meine Tränen sehen.

Ibni Abdullah las es, sagte: »O Gott O Gott.«

»Siehst du denn nicht, dass Allah die Nacht auf den Tag folgen lässt und den Tag auf die Nacht und dass er die Sonne und den Mond dienstbar machte, dass alles zu einem bestimmten Termin läuft, und dass Allah weiß, was ihr tut.« »Wenn du das gut lernst«, sagte Ibni Abdullah, »werde ich in drei Tagen eine von meinen Nächten hier verbringen.«

Die Liebe ist ein leichter Vogel, setzt sich leicht irgendwohin, aber steht schwer auf.

Ibni Abdullah lag wieder in einer Ecke, ich in einer anderen Ecke des Schriftzimmers, zwischen uns das Mezetablett mit Raki. Ibni Abdullah erzählte: »Meine Mutter sagte immer, mein Sohn Ibni Abdullah ist so sauber wie ein Koranblatt, kennst du die Geschichte von Frau Zeliha und dem Propheten Yusuf?«
Zeliha war verheiratet mit einem reichen Mann in Ägypten, ihr Mann kaufte Yusuf als Sklave auf dem Markt, brachte ihn nach Hause, sagte, Frau, du weißt, wir haben kein Kind, schau auf das Kind wie auf deine eigenen Augen.
Yusuf hat dort gegessen, Kleider angezogen, gewachsen, er ist wie der vierzehnte Tag des Mondes ein sehr schöner Mann geworden. Zeliha brannte für Yusuf. Einen Tag hat sie alle Türen zugeschlossen, plötzlich stand sie vor Yusuf.
»Yusuf, wie schön ist dein Gesicht.«
»Allah hat es so gemacht, Dank, Allah.«
»Wie schön sind deine Haare.«
»Was nützt es, im Grab werden sie verfaulen.«
»Wie schön sind deine Augen.«
»Ich schaue damit zu meinem Allah.«
»Yusuf, schau mit deinen Augen in mein Gesicht.«
»Ich habe Furcht, dass meine Augen in der anderen Welt blind werden.«
»Yusuf, du gehst weg, wenn ich in deine Nähe komme.«
»Ich will in die Nähe von Allah.«
»Komm in mein Bett.«
»Die Decken werden mich vor Allahs Augen nicht verstecken.«

»Garten hat Durst. Gib Wasser.«
»Garten hat Besitzer.«
»Feuer ist da, lösche es.«
»Ich hab Angst vorm Feuer.«
»Yusuf, ich werde dich zum Henker geben.«
»Meine Brüder hatten es auch so gemacht.«
Yusuf lief weg, Zeliha hinter ihm her, sie fasste sein Hemd von hinten, Hemd ging kaputt, kam der Ehemann, Zeliha sagte zum Ehemann: »Schau, sieh mit deinen Augen, wer deiner Familie Schlechtes antun wollte.« Der Ehemann aber sah, dass das Hemd von hinten zerrissen war, er sagte: »Weib, geh auf die Knie vor Allah, du hast gesündigt.« Die Nachbarsfrauen klatschten, wie kann eine reiche Frau sich in ihren Sklaven verlieben. Zeliha sagte: »Ich will meine Rache an ihnen nehmen.« Sie ruft einen Tag alle die Frauen, auf dem Tisch lag alles, Früchte von jeder Farbe, Zeliha gab allen Frauen Messer in die Hand. Sie waren 35 Frauen. Sie fangen alle an, Obst zu schälen, Zeliha ruft Yusuf, Yusuf kam und wartete in einer Ecke des Zimmers. 35 Frauen sahen seine Schönheit, ihre Augen blieben auf dem Gesicht von Yusuf, sie schnitten mit dem Messer in ihre Finger und Hände. Die Frauen sagten: »Verzeih, Zeliha, das ist kein Mensch, ein Engel, der schönste Engel.« Zeliha sagte: »Habt ihr gesehen, mir Recht gegeben, wenn er mich nicht liebt, wird er in den Kerker gesteckt.« Die 35 Frauen sagten zu Yusuf, er soll zu Zeliha Ja sagen, Yusuf sagte nicht Ja. Yusuf war jahrelang im Kerker, aber er hatte keinen Staub auf seine Ehre kom-

men lassen, er kam aus dem Kerker raus, sogar kriegte er im Finanzministerium eine Ministerstelle, der Mann von Zeliha war tot, erst so konnte die Zeliha die Ehre, die Frau von Yusuf zu sein, haben.
Ibni Abdullah sprach dann die Sätze:
»Oh, ihr, die ihr glaubt, wenn zu euch gläubige Frauen kommen, die ausgewandert sind, so prüfet sie. Allah kennt ihren Glauben sehr wohl, habt ihr sie jedoch als Gläubige erkannt, so lasset sie nicht zu den Ungläubigen zurückkehren.«
»Ich habe wieder in der türkischen Sprache arabische Wörter gesucht, kennst du sie?«
Intizar – Verfluchung
Muztarip – krank vom Kummer
Inkitat – Zusammenbruch
Ikbal – Gunst
Ihtiyatkar – bedächtig
Ihtizar – im Sterben liegen
Ihya – auferstehen zu lassen
Ikamet – Aufenthalt
Ikram – ehrenvolle Aufnahme
Hasret – Sehnsucht
»Wie sagt ihr zur Geduld?«, sagte Ibni Abdullah.
»*SABIR.*«
»Wir sagen *SABR*«, sagte Ibni Abdullah.
Bevor er seine Füße übereinander und die über meine Füße legte, rollte ich sein Unterhemd hoch, klebte meine Brüste an seinen Rücken. Ibni Abdullah sagte: »Ach.« Wie eine gebärende Frau, ich zog seine Turn-

hose aus, liebte ihn. Ich sah, als er kam, dass er seine Hände über seinen Mund schlug, wie bei dem toten israelischen Soldaten, was er mir erzählt hatte, dass er den Toten sah, und schlug seine Hände plötzlich über seinen Mund. Er sprach dann hintereinander:
»Die, die ich liebe, die Seele in meiner Seele, ohne mein Herz zu fragen, hast du meine Antwort gehört? Du hast deine Schönheit, die die Welt schmückt, mir gegeben, wankelmutig gelaufen in meinen Körper.
Mondstück, mein heiliger Allah.
Was für eine Gewandtheit, dein Mund, mein Mund, das macht die Sehnsucht größer,
lass mich, lass diese Liebende,
ich will Trümmer werden.«

Morgens sagte Ibni Abdullah: »Deine Anwesenheit regt mich so auf, ich kann nicht im Zimmer bleiben.« Er ging weg, ich konnte weiter nicht raus aus dem Schriftzimmer. Ich saß da, schaue in die Augen von Schriften, die Schriften schauen in meine Augen. Sie nickten, als ich sagte, die Liebe ist ein leichter Vogel, er setzt sich leicht irgendwohin, aber steht schwer auf.

Ich war aus Erde, du hast mich zum Menschen geschaffen, der Weg, der zu dir geht, ist der schönste Weg, alle Wasser wollen zu dir fließen.
Die Liebe, die du mir gebracht hast, soll nie von mir traurig sein, soll nie zurück zu deinem Herz gehen, deine Liebe soll nie wegen mir, ihr Gesicht auf die Erde

legend, weinen, sich über mich beschweren. Ibni Abdullah kam, kochte für mich, ging dann, ohne selber zu essen, wieder weg. »Ich wünsche dir einen schönen Nachmittag«, sagte er. Ich sagte: »Das ist sehr deutsch.«
Er sagte: »Trotzdem wünsche ich dir einen schönen Nachmittag.« Ging.
Ich sprach zu Ibni Abdullah, der in meinem Körper ist. »Liebe ist ein Hemd aus Feuer. Drücke mir einen Stein auf das Herz. Mit welcher Sprache soll mein Mund sprechen, dass mein Geliebter es sieht, seine Augenbrauen haben mich verbrannt. Eine Liebende und ein Narr haben Gemeinsames. Der Erste lacht nicht, der Zweite weint nicht.«
Ibni Abdullah sagte: »Wir werden heute Nacht zusammen essen und trinken.«
Er lag wieder in einer Ecke des Schriftzimmers, ich in der anderen Ecke, er gab mir öfter Raki, er sagte: »Ich kann meinen Durst nicht löschen.«
»Was heißt *Musalla* in Arabisch?«
»Das ist ein Ort für Gebete. Zum Beispiel der Stein, auf dem man Tote hinlegt, ist der Stein der *Musalla*.«
»Bei uns auch. Was bedeutet *Muska*?«
»Zauberspruch.«
»Bei uns auch. Was heißt *Esrar*?«
»Geheimnisse.«
»Bei uns auch. Was heißt *Evham*?«
»Irrige Vorstellungen.«
»Bei uns auch. *Mücamele*?«
»Internationale Höflichkeit.«

»Bei uns auch. *Mutena*?«
»Sorgfältig.«
»Bei uns auch. *Mubrem*?«
»Dringend erforderlich.«
»Bei uns auch. *Muzmahil*?«
»Vollkommen vernichtet.«
»Bei uns auch. *Musala*?«
»Verbindung.«
»Bei uns auch. *Muvacehe*?«
»Gegenüberstehen.«
»Bei uns auch. Und *Leb*?«
»Mund, das hast du schon mal gefragt«, sagte Ibni Abdullah, legte sich in ein anderes Bett, zog den Vorhang zwischen uns. Ich weinte hinter dem Vorhang, sagte: »Warum?«
Ibni Abdullah sagte: »Mein Körper ist krank. *Ducar*, krank.«
Ich sagte: »Ich geh raus aus dem Zimmer.«
Er sagte: »Ja, wie die Deutschen, nicht, kein Sex, tschüss.«
Ich weinte noch mehr, sagte: »Ich hab dir weh getan.«
Ich schämte mich vor meinen offenen Haaren, vor meiner nackten Haut, ich dachte, alle Farben vom Schriftzimmer schreien auch aus Scham.
»Was heißt Scham in Arabisch?«
»*Ar*«, sagte Ibni Abdullah, machte den Vorhang auf, legte seine Füße wieder übereinander, die legte er über meine Füße, sagte: »Lass deinen Kopf sehr schwer werden auf meiner Brust, schlafe. Was heißt Brust in Türkisch?«

»*Sine.*«
»In Arabisch auch. Schlaf.«

Am Morgen war das Schriftzimmer ein Krankenbett. Wir lagen beide krank auf den Tüchern. Er machte die Tür für seine Schüler nicht auf, er brachte zwei Stühle, wir setzten uns hin, Ibni Abdullah sagte: »Wir werden reden.«
Ibni Abdullah sprach:
»Höre, *Merhamet*, was heißt in Türkisch *Merhamet*?«
»Erbarme.«
»Gut, *Merhamet*, erbarme. Du bist sehr schön, ich will die heilige Liebe, reine Liebe. Wenn ich mit dir weiterschlafe, mein Körper wird sich ändern, ich werde meine Arbeit verlieren. Du weißt nicht, es gibt eine Orientalistin, sie fragt mich sehr genau nach Akkusativ, Dativ. Mein Körper ist verrückt geworden, wenn du weiter in mich kommst, spätestens in einem Monat verliere ich meine Arbeit, ich bin ein armer Mann. Du bist so leicht, wie das, was die Vögel verlieren, was ist das?«
»Federn.«
»Manchmal bist du eine Frau wie eine Feder, so leicht, manchmal bist du zehn Frauen zusammen, ich bin ein halber Mann. Als ich zum ersten Mal nach Deutschland kam, verdiente ich vierhundert DM. Ich bin zwei Jahre nicht nach Arabien gegangen. Dann war ich da, meine Tante hat mir erst mal eins ins Gesicht gehauen, dass ich so lange hiergeblieben war.«
»Ich werde deiner Tante schreiben, sie soll dir noch

eine ins Gesicht geben, wenn du in Arabien bist.« Ibni Abdullah lachte, sagte: »Die türkischen Frauen wollen viel Sex.«
»Warum sagst du so?«
»Weil sie hungrig sind, ich meine alle Orientalinnen, sie könnten nicht wie Europäerinnen frei Sex machen, ist das nicht so?«
»Ich werde deiner Mutter schreiben, sie soll dich schlagen, wenn du in Arabien bist.«
Ibni Abdullah lachte, sagte: »Von acht bis zwölf Uhr, ich setzte mich wie ein Idiot hin, lernte Deutsch, dann kochte ich Mittag, dann lief ich im Park vierzig Minuten, dann lernte ich weiter Deutsch, können wir uns nicht heilig lieben, geht es dann nicht?«
»Wenn die Körper sich vergessen, vergessen die Seelen sich nicht?«
»Ich vergesse nicht.«
»Wie soll ich mit einem schweigenden Körper laufen?«
»Du siehst aber, du lernst jetzt die Schrift schlecht.« Ich sagte: »Ich werde alle Schriftstücke zerreißen.« Ibni Abdullah sagte: »Wenn du das machst, ich werfe mich in den ersten See. Ich will die heilige Liebe.« Ibni Abdullah nahm meine Hand, sagte:
»Deine traurige Hand über mein Herz haltend, lege ich das Licht deines Gesichts in den Himmel. Wohin du trittst, meine Sultanin, in dieser Welt, ich berühre diesen heiligen Platz heimlich mit meinem Gesicht.«
Dann schloss Ibni Abdullah mich ein, ging weg.

Er war weg. Seine Wächter, seine Wörter standen im Zimmer, manche saßen fest über ihren Beinen. Die Knoten, die eine Zunge gemacht hat, können die Zähne nicht aufmachen. Weil ich vor seinen Wörtern, die im Zimmer saßen, erst mal Angst hatte, sagte ich, ich werde ihn heilig lieben. Ich werde die Schrift weiterlernen. Ich machte ein Blatt auf. In der Schrift: Ein Pfeil ging aus einem Bogen raus. Da steht ein Herz, der Pfeil ging, blieb stehen im Herz, ein Frauenauge schlug mit den Wimpern. Jetzt hat sie ein Auge von einer Blinden, ein Vogel fliegt und verliert seine Federn über dem Weg, wo der Pfeil gegangen ist.
Ich konnte nicht lernen. Ich warf jemandem den Schriftzimmerschlüssel in den Hof, er machte die Tür auf. Ich ging zum ersten Mal aus diesem Zimmer raus. Draußen in der Trinkhalle las ich die erste Nachricht. »In Rio lagen Tote lange in der Gasse – zu wenig Leichenwagen.«
Ich war genau vierzig Tage im Schriftzimmer. Ich ging mit Ibni Abdullah, der in meinem Körper ist, Zeitung in der Hand, in die Nähe der Autobahn. Ich warf die Schriften auf die Autobahn.
In der Fremdsprache haben Wörter keine Kindheit.
Dann ging ich zur Bahnhofsmission. Ich brauchte ein sehr hartes Bett. Das Bett müsste mich so beschäftigen, dass ich nur an das Bett denke, hoffentlich gibt es auch fünfzig stechende Moskitos, Flöhe, Läuse.
Die Nonnen gaben mir einen Tee, die Menschen gingen zu den Toiletten, der Tisch ist lang, das Licht ist immer an und sehr hell.

Ich wollte Ibni Abdullah, der in mir ist, in Ohnmacht bringen. Ich aß nicht, ich trank nicht. Ich ging zum Kudamm, zählte die arabischen Menschen nicht mehr von vorn, eins, zwei, drei ... ich fange bei 66 an, gehe rückwärts, 65, 64, 63, 62, 61 ... bis null. Eine neue Frau kam in die Bahnhofsmission, zum anderen Bett, sie schläft.
Mein Großvater hatte mal gesagt: *»Rüzgara tüküren Yüzüne Tükürür.«*
Wer in den Wind spucken will, spuckt in sein eigenes Gesicht. Er hatte auch gesagt: *»Dedesi koruk yer, torunun disi kamasir.«*
Großvater isst unreife Trauben, die Zähne vom Enkel werden stumpf.
Er hatte auch mal gesagt:
»In der Welt ist eine alte Gewohnheit,
wer den Schatz will, muss den Drachen treffen.
Wer Geliebte will, muss das Leiden dulden.
Wenn die Liebende ihre Liebe zeigt,
wird zuerst von ihrem Geliebten geprüft.
Wenn er sieht, dass sie dem Leiden gegenüber Geduld hat,
da lässt er seine Folter der Liebe weniger werden.
Wenn er aber bei ihr Geduld dem Leiden gegenüber nicht sah,
lässt er sie unter seinem Liebesbaum allein schlafen.«

Als ich zum ersten Mal vor Ibni Abdullahs Tür stand, hatte ich drei Wörter aus meiner Mutterzunge. Sehen,

Lebensunfälle erleben, Arbeiter, ich wollte zurück zum Großvater, dass ich dann den Weg zu meiner Mutter und Mutterzunge finden könnte. Ich habe mich in meinen Großvater verliebt. Die Wörter, die ich die Liebe zu fassen gesucht habe, hatten alle ihre Kindheit.

Leb – Mund
Ducar – befallen
Mazi – Vergangenheit
Medyun – verbunden
Meytap – Feuerwerkskörper
Intizar – Verfluchung
Muztarip – krank vom Kummer
Inkitat – Zusammenbruch
Ikbal – Gunst
Ihtiyakar – bedächtig
Ihtizar – im Sterben liegen
Ihya – auferstehen zu lassen
Ikamet – Aufenthalt
Ikram – ehrenvolle Aufnahme
Hasret – Sehnsucht
Sabr – Geduld
Musallatasi – Totenstein
Muska – Zauberspruch
Esrar – Geheimnisse
Evham – irrige Vorstellungen
Mücamele – internationale Höflichkeit
Mutena – sorgfältig
Mubrem – dringend erforderlich
Muzmahil – vollkommen vernichtet

Muracehe – gegenüberstehen
Merhamet – erbarme
Sine – Brust
Ich ging mit den Wörtern aus der Bahnhofsmission raus. Ich sagte mir, wenn du einen Menschen siehst, der wie ein Lebensunfall-erlebt aussieht, sprich zu ihm. Das war ein Mädchen, sie saß auf einer Parkbank, sie hatte in der Hand Möhrensalat mit Senf, sie weinte.
»Warum weinen Sie?«
Sie sagte: »Thomas.«
Dann aß sie den Möhrensalat mit Senf bis zu Ende. »Ich schaff's schon«, sagte sie, wir rauchten beide, sie erzählte:
Es war ein sehr schöner Tag, was habe ich gemacht, ich war mit meiner Mutter zusammen auf der Straße, ich weiß es nicht, was ich gemacht habe, aber so was sehr Leichtes habe ich gemacht. Ich ging um zwölf Uhr nach Hause, er saß zu Hause, er saß immer zu Hause, ja, jetzt weiß ich es, ich schenkte ihm eine Badehose, er probierte sie an. Ich ging die Treppe hoch, er war unten, da sprang er mit der Badehose im Raum. Ich sagte ihm, hol mich von der Goya-Ausstellung ab, er sagte, ach ja, Goya. Er kam nicht. Es war acht Uhr abends, es war hell, etwas kalt, aber schön. Ich kam in den Hof, die Fenster von der Wohnung waren mit weißen Papieren zugemacht, ich dachte, er hat sich wahrscheinlich gezeichnet. Ich freute mich in dem Moment, meine ganze Aggression war weg, dass er mich nicht abgeholt hat. Ich machte die Tür auf, die Tür war abgeschlossen. Ich dachte, er ist doch mich

abholen gegangen, ich schloss die Tür auf, stand noch vor der offenen Tür, es war dunkel im Raum, da sah ich ihn die Treppe runterkommen, er kam die Treppe runter, dachte ich, dann sah ich, dass das Treppengeländer nicht vor ihm stand, das Treppengeländer stand hinter ihm. Ich dachte dann, ah, er hat fliegen gelernt, weil er so oft zu Hause war, dachte ich, er hat Fliegen gelernt. Wie schön er fliegt, dachte ich, dann sah ich den Strick hinter seinem Nacken, ich ging raus, mein erster Gedanke war, er ist tot, den gibt es nicht mehr, ich muss sofort mit jemandem schlafen, ich ruf Hilfe, Polizei, kein Fenster wurde aufgemacht, dann kamen zwei hilflose Polizisten. Er hatte noch seinen Strick selbst geflochten, das haben mir die Polizisten berichtet. Eine halbe Flasche Rotwein hatte er getrunken und vier Zigaretten geraucht und auf dem Boden den Brief an mich geschrieben, was mich erstaunte, in der Packung waren noch vier Zigaretten, Marlboro. Warum er die nicht geraucht hatte. Als er noch lebte, ging er öfter zu seiner Oma, putzte da, also im Zimmer vom Großvater, dem Kammerdiener, wühlte er sehr oft, er wollte was finden.
»Was machen Sie in Deutschland?«, fragte das Mädchen mich.
Ich sagte: »Ich bin Wörtersammlerin.« Und Ibni Abdullah, die Seele in meiner Seele, dachte ich und erinnerte mich noch an ein Wort in meiner Mutterzunge:
Ruh – »*Ruh* heißt Seele«, sagte ich zu dem Mädchen.
»Seele heißt Ruh«, sagte sie.

KARAGÖZ IN ALAMANIA
Schwarzauge in Deutschland

Es war einmal ein Dorf, das hatte einen Brunnen und ein grünes Minarett, von dem der Dorfhodscha fünfmal täglich den Ezan singt. In diesem Dorf lebten ein Mann und seine Frau. Die Frau war hochschwanger. Der Bauer war sehr arm. Die beiden hatten ein großes buntes Bett, in dem sie zusammen schliefen. Eines Nachts, als die Hunde bellten, träumte die schwangere Frau, dass ihr Mann von einem Apfelbaum, der dem Nachbarn gehörte, Äpfel klauen wollte. Er warf Steine an die Äpfel, er pfiff nach den Äpfeln, aber die Äpfel kamen nicht herunter. Er stieg auf den Rücken seiner schwangeren Frau und erreichte einen Apfel. Er gab ihn seiner Frau. Er wollte einen zweiten für sich pflücken, in dem Moment fielen einige Äpfel herunter, und der Besitzer des Baumes kam auf seinem Esel dazu und fragte den Bauern: »Oo masallah! Masallah! Was tust du denn da?« Der Bauer sagte: »Ich bin eine Nachtigall, ich singe hier auf dem Baum.« Der Besitzer vom Apfelbaum sagte: »Sing mal, ich will sehen.« Der Bauer sang etwas, der Besitzer sagte: »So eine Nachtigall habe ich noch nicht gesehen. Was für eine Nachtigall ist denn das?« Der Bauer sagte: »Ja Nachbar, eine unerfahrene Nachtigall singt so.« Der Apfelbaumbesitzer sagte: »Gut, meine Stimme ist auch schön« und ging zum Vater des klauenden Bauern. Der Vater knackte gerade seine Läuse auf seiner Brust. Der Apfelbaumbesitzer wollte den Bauern als Sklaven von seinem Vater kaufen. Die beiden sprachen über dieses Geschäft nicht direkt, sondern in Sprichwörtern. Der Apfelbaumbesitzer fragte den Vater vom klauenden Bauern: »Guck mal, sage mir, Bruder, Ahmed der Schicksallose. Gehört der Baum mir?« Der Vater vom klauenden Bauern antwortete: »Allah, Allah! Seit er geboren ist, gehört er dir.« Der Apfelbaumbesitzer sagte: »Guck mal, Bruder, dein Sohn ist Soldat des Teufels. Er setzt sich mit dem Teufel auf die Wolke und frisst meinen Regen.« Der Vater tat so, als ob er nicht versteht, und fand ein Sprichwort: »Voriges Jahr fand ich eine Laus auf meinem Kragen, ich habe sie für Allah auf ihrem Platz gelassen. Sie hungert aber noch heute.« Er meinte, dass er so arm sei, dass seine Kleider nicht einmal eine Laus ernähren könnten. Der Besitzer des Apfelbaumes sagte: »Guck mal, wo ein Haus ist, ist auch ein Nachbar. Guck mal, wenn der Mensch den Menschen nicht bräuchte, hätte Allah uns nicht auf demselben Berg geschaffen.« Der Vater des klauenden Bauern fand wieder ein Sprichwort, um das Geschäft weiterzutreiben: »Was soll ein Mensch machen? Ich nehme etwas vom Bart und setze es mir in den Schnurrbart. Ich nehme es vom Schnurrbart und setze es mir in den Bart. Es reicht nicht.« Er meinte damit, dass er arm ist und trotz seiner ganzen Mühe, mit dem wenigen Geld klarzukommen, arm bleibt. Und irgendeine Stelle bleibt immer nackt. Der Apfelbaumbesitzer sagte: »Guck mal, wenn dein Arsch nicht donnert, fällt auch kein Regen.«

Der Vater fand kein Sprichwort mehr. Der Apfelbaumbesitzer fand sofort ein neues: »Guck mal, wer nicht in der Mühle spazieren geht, fällt auch nicht ins Mehl.« Der Vater des klauenden Bauern sagte: »Wie viel?« Der Besitzer des Apfelbaums band ein Schaf an das Bein des Vaters als Zahlung.

Der klauende Bauer, der immer noch auf dem Apfelbaum des Nachbarn saß, schaute sich das alles vom Baum aus an. Der Vater hätte zu diesem Preis seinen Sohn an den Apfelbaumbesitzer verkauft. Aber da kam ein dritter Mann auf dem Moped dazu, auch mit einem Sprichwort. Der war der Wucherer. Er sagte zum Vater: »Warte, Herr Ahmed, warte. Ein Wort setzt das andere, und das Wort setzt deinen Arsch in die Kälte.« Der Besitzer vom Apfelbaum sagte zum Wucherer: »Guck mal, eine Hand wäscht die andere, zwei Hände waschen eines Nachbars Gesicht.« Der Wucherer antwortete ihm: »In der Wüste gibt es weder Wasser noch Seife, Herr Mehmet.« Und zum Vater sagte er: »Was tauschst du einen Schuh für einen Stein, Herr Ahmed. Weißt du, was Alamania ist, Herr Ahmed?«

Dann erzählte er dem Vater von diesem Land. Wenn er seinen Sohn vom Baum hinschicken würde, dass er dann nicht nur einen Sohn, sondern plötzlich 25 Söhne haben werde, weil in diesem Fremdland das Geld 25 mal mehr Wert hat als hier in diesem Dorf. Er sagte:
»Eine Mark macht 25 Lira.
Ein Sohn macht 25 Söhne.
Ein Sohn macht 25 Felder.«

Der Vater fragte ihn: »Was willst du?«
Der Wucherer sagte:
»Dein Feld
und dein Sohn kriegt Geld,
damit nach Alamania geht ein Held,
und er macht dir bald 25 Feld.«
Der arme Vater hatte ein Stück Land. Der Wucherer gab ihm das Geld für die Reise seines Sohnes und nahm dafür das Stück Land.

Da wurde es Morgen. Der Bauer und seine schwangere Frau wachten auf. Der Traum von der schwangeren Frau war zu Ende. Weder war ein Apfelbaumbesitzer zu sehen noch der Vater, noch der Wucherer mit dem Moped. Ein paar andere Bauern saßen an einem Ofen, tranken Tee, bohrten in der Nase und guckten in den Himmel. Sie warteten. Die schwangere Frau ging zum Dorfbrunnen und wollte ihr Gesicht waschen. Da waren zwei ältere Frauen. Eine alte Frau gab der schwangeren Frau einen Zug von ihrer Zigarette und sagte: »Rauch, rauch, das nimmt dir dein Herzbrennen weg, das setzt dein Herz wieder auf seinen Platz.« Und erzählte, wie ihr Mann auch in die Großstadt arbeiten ging und sieben Jahre lang nicht zurückkam.
Dann kam der Onkel des Bauern, der dem Vater in dem Traum der schwangeren Frau ähnelte, aber keinen Bart hatte.
In Wirklichkeit hatte der klauende Bauer keinen Vater mehr, sondern nur noch diesen Onkel. Dieser Onkel

gab dem Bauern einen Stock mit einem Bündel, in das
Brot und Käse für die Reise gepackt war. Der Onkel
rasierte den Bauern für die Reise nach Alamania. Die
Frau musste Wasser holen, Seife holen, Handtuch holen.
Sie rannte für die Männer und packte dabei auch
ihre paar Sachen. Denn sie dachte, ihr Mann würde sie
mitnehmen. Der Bauer nahm aber seinen Esel mit. Sie
musste im Dorf bei seinem Onkel-Haus bleiben. Sie
stieg auf den Apfelbaum, um dagegen zu protestieren,
dass ihr Mann auf eine große Reise, wo man nie weiß,
ob er wieder zurückkommen kann, alleine ging. Sie
warf Äpfel auf die Köpfe ihres Mannes und seines Onkels,
weil er ihren Mann nach Alamania schickte, damit
er 25 Neffen hatte. Ihr Mann, der Bauer, schenkte seiner
schwangeren Frau eine Schildkröte, und sie schwieg
mit der Schildkröte auf dem Baum und schaute sich das
Weggehen von ihrem Mann und anderen Männern aus
dem Dorf an. Als alle weg waren, sah das Dorf so aus,
als ob es gestorben wäre.

Jetzt war der Bauer mit seinem Esel auf dem Weg. Dieser
Esel war sehr klug, denn er konnte sprechen. Er hatte
sehr schöne Augen. Es war ein schöner Tag. Die Sonne
schien, und die Grillen zirpten. Der Bauer bekam
Durst. Da sahen sie einen Krug und wollten daraus Wasser
trinken, aber der Krug war trocken. Aus dem Krug
fielen eine tote Schlange und Steine. Da ging plötzlich
die Erde auf und ein halbnackter Mann holte mit einem
Spaten Erde aus dem Loch. Mit der Erde flogen Stei-

ne und ein antiker Krug. Der halbnackte Mann sagte kein Wort, weil er dachte, wenn er beim Schatzsuchen spricht, bekommt der Schatz Beine und haut ab.
Der Bauer rief ihn: »Huuh, huuh.«
Der Schatzgräber sagte: »Rufe nicht, du störst den Schatz, er kriegt Angst, wird weglaufen, du Ketzer! Rufe nicht, Ketzer.«
Der Esel sagte ihm: »Huuh, bist du ein Schatzschätzer? Wer hat den Schatz verloren, dass du ihn findest?«
Schatzgräber sagte: »Ketzer, weißt du, dass du mein Glück verhinderst. Jetzt ist der Schatz weg. Du hast ihn verjagt. Ich will meinen Schatz.«
Der Bauer sagte: »Väterchen, zwitschere nicht wie ein Spatz. Ich bin es, ich bin dein Schatz.«
Der Bauer versprach dem halbnackten Mann, aus dem reichen, fremden Land eine Maschine mitzubringen, die jeden Schatz sucht und finden kann. Der Bauer und sein Esel machten sich weiter auf den Weg. Der Schatzsucher schimpfte hinter ihnen her. Ein amerikanischer Tourist kam mit einer Polaroid-Kamera und fotografierte den Schatzsucher. Er fragte ihn, ob er den alten Krug als Andenken aus der Türkei mitnehmen darf. Der Tourist sagte: »Please, I would like to take it with me.«
Schatzgräber sagte: »Taken, taken.«
Der Schatzsucher hatte nichts dagegen, er verwunderte sich aber, dass die Touristen immer die schmutzigen Sachen lieben.

Der Esel wollte nicht mehr laufen, weil er merkte, dass der Weg nach Alamania zu lang ist.

Er sagte: »Ein Esel geht nicht schneller, wenn du ihn auch schnell prügelst.«

Der Bauer sagte zu ihm: »Komm. Da ist es schön, mein Esel. Komm, sei wie ein Mensch, komm, mein Honig.« Das half nicht. Dann drohte er dem Esel, dass er ihn schlagen wird. Der Esel sagte wieder: »Nein, der Weg ist zu lang.« Da sagte der Bauer: »Gut, erzähle Geschichten, solange du kannst, und ich trage dich. Dann aber trägst du mich, dann wird der Weg kürzer.« Der Esel küsste den Bauern und sagte: »Ich bin verliebt in deinen Mund.« In dem Moment aber stieg der Bauer auf seinen Rücken und ritt ihn weiter. Der Esel hätte ihn runtergeworfen, da fragte der Bauer ihn ein Rätsel:

»Ich habe es auf der Straße gekauft.

Es war eins.

Ich hab es nach Hause gebracht.

Es wurde Tausend.

Was ist das?«

Der Esel unter ihm antwortete: »Läuse.«

»Du Narr«, sagte der Bauer, »wie können es Läuse sein?« Der Esel antwortete:

»Versuche doch, gehe hin, kauf eine Laus.

Zu Hause mache ich dir tausend daraus.«

Der Bauer sagte: »Denk nach, Tor! Ich will dir ein Lied singen:

Wer vom Dorf nach Istanbul zu Fuß geht,
den soll man loben.

>   Bei einem räudgen Hund, da schläfst du schön,
>   brauchst es zu erproben.«

Dann fangen beide an zu reimen. Der Esel sagte:
>   »Als Nachthaube empfehle ich dir
>   den Hut aus Zuckerbrotpapier,
>   für unsern Esel sei der Trog
>   voll Hafer und voll Gerste hier.«

Der Bauer sagte:
>   »Lass, wenn du Fleischpastete isst,
>   den Knoblauch dran recht reichlich sein,
>   ein Zuckerkürbis möge dann
>   als Nachtisch unvergleichlich sein.«

Der Esel sagte:
>   »Des Himmels Rat ließ Gram um Gram
>   durchkreuzen meiner Seele Bahn,
>   mein tränenschweres Auge zeigt,
>   was mir geschehen ist, euch an.«

Der Bauer sagte:
>   »Am Markte ging ich oft vorbei,
>   und Allah vergibt, was ich getan:
>   Denn jedes Mal, sooft ich ging,
>   stahl ich dem Händler Marzipan.«

Sie kriegten große Lust und reimten und reimten, und steigerten sich so, dass sie gar nicht merkten, dass sie von zwei Musikern mit Flöte und Geige begleitet wurden. Sie amüsierten sich, und sie merkten auch nicht, dass sich ein unsichtbarer Dritter noch in ihr Spiel einmischte. Dieser unsichtbare Dritte sagte:
>   »Wem soll ich denn klagen, Herz?

Stets warst du mir ein Plagegeist, o Herz!
Siehst du einen Schönen, wallst du gleich empor.
Tausendfache Plage ist dein ewig Lied.«
Es war der Löwe. Er hatte eine Plastiktüte. Er sprach zur Plastiktüte:
»Du kläglicher, vorschneller Narr, leb wohl
ich nahm dich für was Besseres, nimm dein Schicksal,
du siehst, zu viel Fleiß hat was von Gefahr,
lasst euer Händeringen, schweigt, setzt euch hin,
und ich will eindringen in euer Herz, eindringen,
wenn es aus menschlichem Stoff ist und verdammte
Gewöhnung es nicht so zu Erz gemacht hat,
dass es ein Bollwerk ist gegen das Gefühl.«
Der Löwe legte die Plastiktüte auf die Erde, kotzte daneben Blut, trank aus einer Flasche Raki, ließ die Flasche, die Plastiktüte liegen und ging weg. Der Bauer und sein Esel schauten in die Plastiktüte und sahen einen Menschen, von dem nur die Knochen und 20 Groschen übrig waren. Zwei Fledermäuse flatterten um ihre Köpfe. Ein Kauz schrie. Die trockenen Blätter raschelten. Der Wind heulte. Eine Tür kreischte. Und aus der Erde wuchsen zwei Grabsteine, auf die sehr herzliche, sentimentale Grabgedichte geschrieben waren. Der erste Grabstein nahm einen Schluck aus der Raki-Flasche. Sie hielten Kerzen in den Händen und suchten nach dem toten Mann in der Plastiktüte. Der erste Grabstein sagte: »Pfui, wo, hat er denn sein Fleisch gelassen? Die Ameisen werden nicht zufrieden sein, arme Ameisen, armer Mann.«

Zweiter Grabstein sagte zum ersten Grabstein: »Erlaubt mir.«

Und zum Knochenmensch: »Wer ist dein Allah, was ist dein Glaube? Wer ist dein Prophet? Hat man überhaupt gewaschen? Rede!«

Erster Grabstein sagte: »Erlaubt mir. Ich habe vom Stadtparkwächter Osman gehört. Die Knochen heißen Memet Turgut. Er wartete auf eine Antwort, um in Libyen arbeiten zu gehen. Die Antwort ließ auf sich warten. Er war so müde, so müde und merkte nicht, als er eine versteckte Schlafstelle suchte, dass er in den Garten der Löwen trat. Am Morgen haben die Löwen ihn gegessen. Ein Löwe, der selbst lebenslänglich verurteilt war.« So sagte der Wächter Osman.

Die zwei Grabsteine wussten nicht genau, ob der Bauer vom Löwen gefressen worden ist oder aber Selbstmord begangen hatte, also vom Leben gefressen worden ist. Der zweite Grabstein sagte: »Ei, ei, wahrhaftig, lass den besoffenen Trottel, Säufer Osman. Vielleicht hat der Ketzer sich selber gefressen? Erlaubt mir: Hier ist der Löwe. Gut. Hier ist der Mensch. Gut, wenn der Mensch zum Löwen geht: So bleibt's dabei, er mag wollen oder nicht, wenn er hingeht.

Merkt euch das: Er frisst sich selber. Aber, wenn der Löwe zu ihm kommt und ihn frisst, so frisst er sich nicht selbst.

Ergo: Wer an seinem eigenen Tod nicht schuld ist, verkürzt sein eigenes Leben nicht.«

Am Ende ihres religiösen Disputes nahmen sie ihn gerne in ihre Totenwelt mit. Sie sagten:

»Ein Grabscheit und Spaten wohl
samt einem Kittel aus Lein'
und oh, eine Grube, gar tief und hohl
für solchen Gast muss sein.«
Der Bauer stahl noch die Mütze von den Toten und wunderte sich, was einem auf einer Reise alles zustoßen kann.

Es wurde dunkel.
Es wurde hell.

Der Bauer und der Esel kamen in Istanbul an. Der Esel saß auf den Schultern des Bauern. Der Bauer klagte über seine müden Beine, die fast nicht mehr seine Beine sind. Der Esel sah aber die Sultanspalast-Mauer und erzählte dem Bauern: »Siehst du, für diese Sultanspalast-Mauer haben dein und mein Großvater Steine getragen. Sie kamen sieben Jahre lang nicht zurück ins Dorf. Da hat deine Großmutter sich das Rauchen angewöhnt. Der Sultan hatte Angst vor Bauernaufständen, und aus Angst ließ er seinen Schneider nur aus der Ferne maßnehmen. Dafür lief er immer mit schlecht sitzenden Anzügen herum.« Der Bauer und der Esel suchten den Dorfverwandten des Bauern auf, um dort zu übernachten. Dieser Verwandte baute gerade an einem illegalen Slum-Haus. Diese Häuser nannte man »Nachts-angekommen«, »*Gecekondu*«, d. h. sie mussten in einer Nacht gebaut werden, wenn man schon mit ein paar Betten drin wohnte, dann konnte vielleicht die Polizei es nicht mehr kaputtmachen.

Der Verwandte fragte den Bauern, welcher Wind ihn nach Istanbul getragen hätte. Der Bauer war sehr müde. Der Esel antwortete: »Hast du nicht gehört? Es regnet in Deutschland Perlen. Eine Perle davon hat ins Ohr von dem Onkel des Bauern geregnet, und der Bauer geht nach Alamania Perlen sammeln.« Der Esel und der Bauer fielen ins Bett. Gegen Morgen wachten sie auf – ohne Dach auf dem Kopf und es regnete Staub auf sie. Die Polizei hatte das halbe Haus dem Boden gleichgemacht. Der Bauer und der Esel mussten schnell in die deutsche Vermittlungsstelle zur ärztlichen Kontrolle gehen. Der Dorfbekannte fing an, ein neues illegales Haus zu bauen, und sagte zu dem Bauern: »Bring ein Haus mit aus Alamania.«

In Istanbul kam aus vielen Minaretten der Ezan gleichzeitig, die Autos hupten, die Straßenverkäufer schrien. Am Eingang der deutschen Vermittlungsstelle, wo die ärztliche Untersuchung stattfindet, um nach Alamania gehen zu dürfen, oder nicht zu dürfen, sah der Esel einen Mann, der sehr krank aussah. Dieser Mann war ein Urinverkäufer.

Der Urinverkäufer sagte: »Heute nur 900 Lira! Heute nur 900 Lira! Nimm, nimm, nimm, nimm – gratis. Das ist eine Jungfrau – nimm sie – brauch sie, heute nur 900 für ein Bruderherz, der Zug nach München fährt hier ab.«

Sein Schlepper sagte: »400 Lira.«

Urinverkäufer sagte: »900 Lira.«

Sein Schlepper sagte: »Sagen wir 500.«

Der Urinverkäufer sagte: »Hast du jemals eine solche Farbe gesehen, Ali Baba?«
»Nein, nie gesehen.«
»Du bist blind, Ali Baba.«
»Was soll denn Berlin mit so einem Blinden anfangen? Ali Baba. Geh und häng dich lieber an den ersten Baum, Ali Baba.«
Sein Schlepper sagte: »570, okay?«
Urinverkäufer sagte: »Nein, ich gebe nicht, wenn auch dein Vater kommt, gebe ich nicht. Ich stehe früh auf, rauche nicht, trinke nicht – wofür? – Für Kohlköpfe wie euch.«
Manche Bauern, die, um nach Deutschland gehen zu können, in der deutschen Vermittlungsstelle eine Urinprobe machen mussten, kauften von diesem Mann für Geld Urin, weil sie glaubten, mit ihrem eigenen Urin würden sie ärztliche Urinprobe für Deutschland nicht schaffen. Wenn ein Bauer vom Urinverkäufer Urin gekauft hatte, kriegte er den Urin in einer Plastikpistole, damit er das heimlich in die deutsche Vermittlungsstelle schmuggeln könnte. Wenn der Urinverkäufer seine Urine verkauft hatte, rief er einen anderen Mann, der auch sehr krank aussah. Er nannte ihn Doktor Mabuse. Doktor Mabuse sagte zu den naiven Bauern: »Kommt her, ihr Schwachen und Kranken, ich habe ein Pulver ganz besonderer Natur, das putzt das Blut und hebt den Schwanz und bringt euch auf andere Gedanken. Siebenhundert Lira, wenn du willst natürlich, keiner zwingt dich, Bruder.«

Die Bauern kauften dieses Pulver und schluckten es, bevor sie zur Untersuchung bei der deutschen Vermittlungsstelle gingen. Unser Bauer hätte auch Urin gekauft, aber der Esel rettete ihn. Der Bauer ging zur Arztkontrolle rein. Der deutsche Arzt wusch seine Hände vor der Untersuchung. Alle Männer, die nach Deutschland gehen wollten, mussten hinter einem Vorhang Urin lassen. Der Mann, der Urin gekauft hatte, spritzte aus der Plastikpistole heimlich in das Glas den Urin des Urinverkäufers. Der Arzt schaute sich alle Gläser an und sagte: »Gut – kaputt – kaputt – gut.« Und einer von diesen Männern schob unter das Glas einen Geldschein, und der Arzt sagte: »Ka... Gut.«
Der Esel schaute von draußen zu und lachte und schlug einen Mann neben ihm, der eine rote Nelke im Mund trug, auf das linke Bein. Dabei tat ihm seine Hand sehr weh. Der Esel fragte ihn: »Was für ein Bein hast du?«
Er sagte: »Holzbein. Ich stehe in der linken Bewegung.«
Das Holzbein schenkte ihm die rote Nelke und ein rotes Buch und ging weg. Er war der erste Sozialist, den der Esel kennengelernt hatte. Der Bauer kam stolz von der Untersuchung zum Esel, weil er guten Urin hatte und nach Alamania gehen konnte.
Er sagte zu seinem Esel: »Hör zu, Urin gut.«
Der Bauer musste ein Papier ausfüllen:
Name: Schicksallos
Vorname: Karagöz
Geburtsdatum des Vaters: Er muss geboren sein, als die Pflaumen reif waren.

Mädchenname der Mutter: Der Bauer sagte: »Der Ketzer ist verrückt! Bin ich der Vater meiner Mutter? Habe ich sie in der Wiege hin- und hergeschaukelt? Esel, weißt du, wie meine Mutter als Mädchen hieß?« Der Esel sagte: »Gib das Papier her, wir müssen einen Herrn mit Brille finden.«

Der andere Mann, der Urin gekauft hatte, durfte nicht nach Alamania, weil der Urin in der Wasserpistole kaputt war. Und jetzt pinkelte er selber Urin in die Gläser, um ihn anderen Bauern zu verkaufen. Dieser verlangte von dem Bauern etwas Urin, er sagte: »Mein Uringut-Bruder, gib mir etwas ab.« Der Bauer pinkelte und sang:

»Als ich über das Marmarmeer ging,

lief der Regen hinter mir her,

meine Geliebte hat ein langes Kleid,

und ihr Saum ist im Schlamm.«

Gleichzeitig bekam die schwangere Frau des Bauern im Dorf ihr erstes Baby. Sie wusch es am Brunnen und der Esel sah es und sagte es seinem Bauern, der sich freute, nach Alamania zu gehen. Der Esel sagte: »Hey, kein Mensch hört auf deinen Gesang. Deine Frau im Dorf furzt, das macht Wind, und der nimmt dir deine Stimme – du hast ein Mädchen gekriegt.« Der Bauer sang für sein Baby ein Wiegenlied:

»Schrei nicht, mein Kind, schrei nicht,

aus einem Haus

ohne Mann

darf man

keine Kinderschreie hören.«

Es wurde dunkel.
Es wurde hell.

Jetzt waren sie vor der Tür von Deutschland. Der Weg zu dieser Tür war verstopft von Bündeln und Koffern. Zwei Türkinnen: eine ohne Kopftuch erzählte der anderen Türkin mit Kopftuch, dass ihr Mann in Alamania seine Wohnung gewechselt hat, weil er eine deutsche Frau gefunden hat und sie nicht wusste, wo ihr Mann ist. Die Türkin mit Kopftuch gab ihr einen Rat: »Die deutsche Polizei wird ihn sofort finden. Ich weiß, die Kerle gehen nach Alamania, kriegen Federn, werden Truthahn, und sie finden die deutschen Frauen schön, die schön riechen.«
Die Türkin ohne Kopftuch sagte: »Ich habe ihre Frauen gesehen. Sie bügeln und bügeln ihre Haare. Sie nähen ihren Busen jeden Tag hoch oder flopp lassen ihn runterhängen. Allah hat jedem einen Arsch gegeben, aber sie klingeln nur damit, zirr – zirr – zirr.« Die Türkin mit Kopftuch sagte der Türkin ohne Kopftuch: »Allah soll deinen Mann verfluchen, Inschallah, geh doch, melde ihn der Polizei und zieh ihm einen Backenzahn.«
Es warteten auch andere Türken an der Deutschland-Tür. Ein Mann mit dem Schaf, ein Hodscha mit seinem Minarett.
Ein illegaler Arbeiter verkleidete sich als Fußballer, so hoffte er, durch die Grenzkontrolle nach Deutschland durchzukommen. Der Bauer und sein Esel warteten auch. Sie warteten und warteten. Die Deutschland-Tür

ging auf und gleich wieder zu. Es kam ein türkischer Toter, seinen Sarg tragend. Der Mann mit dem Schaf fragte sein Schaf: »Wenn man zum Begräbnis geht, wo sollte man laufen. Vor dem Sarg? Hinter dem Sarg?« Der Tote sagte: »Vor dem Sarg gehen, hinter dem Sarg gehen: Egal. Nur nicht im Sarg gehen.«
Der Bauer fragte seinen Esel: »Warum kommen Leute her, gehen Leute hin?« Der Esel antwortete: »Ich denke, wenn alle dieselbe Richtung gehen ... die Welt wird besoffen umkippen.«
Dann ging die Deutschland-Tür wieder auf, und es kam ein Türke mit Goldzähnen heraus. Die an der Tür Wartenden fragten ihn: »Wie ist das Wetter in Alamania, Aga?« Der Goldzahn erzählte ihnen, wie schnell man in Alamania reich werden kann.
Mann mit Goldzähnen:
»Du gut scheißt – Stuhlgang jeden Tag.
Gut. Du gehen rein, du kauft Zelt, stellen im Park, in Mitte
scheißen: alles klar?
Dann warten. Leute kommt.
Fragt: Was gibt sehen?
Du spricht Direk, Dreck.
Sagen Wahrheit. Ketzer sind Gutmann, Ketzer lieben Wahrheit.
Ketzer fragen: Direk?
Du spricht: Jawohl, Direk.
Was kostet?
Du sagen: 99 Pfennig.

Ketzer bezahlen.
Ketzer gehen rein.
Ketzer gehen raus.
Viel böse.
Dann kommt anderer Mann.
Fragen: Was da sehen?
Ketzer sagen: Viel böse. Direck.
Viel böse Leute weg.
Andere Mann fragen dich: Wirklich?
Du spricht: Natürlich!
99 Pfennig, 99 Pfennig. Viele Ketzer gehen rein.
99 – 99 du machen viel schwer Geld.
Aber müssen haben Bewilligung von Großpolizei.
Nix so, nix – kein Papier.
Muss haben ganz gut Direck.
Tschüss, tschüss, tschüss, tschüss Kollega.«
Der Goldzahn stellte ein Radio mit Kassettentonband an. Ein Lied:
»Alamania, Alamania, ich bin verliebt in dich.
Du kannst ja nichts Blöderes finden als mich.«
Dann ging er weg. Die Leute warteten weiter an der Deutschland-Tür. Sie schweigen und schweigen.
Der illegale Arbeiter, der sich als Fußballer verkleidet hatte, fing an, mit dem Ball zu spielen. Der nervte den Mann mit dem Schaf. Er sagte zum Fußballer: »Was hopst du denn da? Schicke deine Frau nach Alamania. Die Frauen gehen schneller rein.« Dann sagte er zu seinem Schaf: »Er wird sie nirgendwohin schicken. Er wird sie selber ficken.« Die Türkin ohne Kopftuch sagte:

»Könnt ihr nicht einen Tag leben, ohne eure Schwänze in den Mund zu nehmen?« Der Mann mit dem Schaf sagte:
»Weib, soll ich von meinem Platz mich erheben, beim Kragen dich, beim Halse packen, dich unter meinen schweren Absatz schleudern? Weib, wenn du nicht den Ketzerschwanz mit Muffe in den Mund nehmen wolltest, hättest du dir doch deine Beine abgehackt und wärst zu Hause geblieben.«
Die Türkin mit dem Kopftuch antwortete: »Dein Schaf soll in deinen Mund scheißen, Kerl, ich hoffe, Inschallah, du sollst Schweinefleisch essen, Kerl.« Der Bauer fing an, laut aus einem Buch zu lesen, damit der Krach endet. Das war ein Buch, das die türkische Arbeitsvermittlung für die nach Alamania gehenden Arbeiter geschrieben hatte. Es heißt: Ein Handbuch für Gastarbeiter, die in der Fremde arbeiten gehen. Drinnen stand: »Lieber Bruder Arbeiter! Die Toiletten in Europa sind anders als bei uns: wie ein Stuhl. Ihr sollt nicht darauf stehen, ihr sollt euch unbedingt darauf setzen. Für die Sauberkeit benutzt man nicht Wasser, Blätter, Erde oder Stein, sondern ganz feines Toilettenpapier.«
Der Esel machte sich lustig, sagte: »Oder einer leckt einem den Arsch.« Der Bauer las weiter. »Wenn man pisst, muss man unbedingt den Deckel hochstellen, weil der Nächste sich später auf den Deckel setzt.« Der Esel machte sich weiter lustig über das Buch: »Im Bus und in der Straßenbahn bitte nicht nasebohren, Bruder Arbeiter. Nicht rechts und nicht links und nicht krank werden,

Bruder Arbeiter. Jedes Land schlachtet die Tiere nach seiner eigenen Art. Manches Land versetzt das Tier erst in Ohnmacht, dann wird geschlachtet. Das erlaubt unser Glaube, esst ruhig alles.«

Der Esel sagte zu dem Mann mit dem Schaf: »Der Schäfer muss darauf achten, dass der Ketzer nicht mit demselben Messer das Schaf schlachtet, mit dem er das Schwein geschlachtet hat, sonst zürnt Bruder Mohammed.«

Der Mann mit dem Schaf sagte: »Als ich das Messer wetzte, wusste ich noch nicht, wer sich darunterlegen wird. Wohlan, ich schicke dich ins Eselparadies.«

Der Mann mit dem Schaf ging mit seinem Messer auf den Esel los. Der Bauer sagte, um seinen Esel zu retten, zu dem Mann mit dem Schaf: »Vaterchen, erzähle.« Der Mann mit dem Schaf erzählte allen, die da an der Alamania-Tür warteten, aus dem Koran. Alle setzten sich um ihn herum und hörten zu. Er erzählte, wie der Engel Gabriel sich Mohammed zum ersten Mal gezeigt hatte, wie die erste Botschaft aus Mohammeds Mund herausgekommen ist. Er erzählte auch, dass der Wein bei den Moslems zuerst nicht verboten war, Allah hatte gesagt: »Gläubige, wir schenken euch Datteln und Weintrauben, esst, trinkt, werdet satt.« Aber einmal trank ein Herr Abdurrahman viel Wein, dann wollte er mit Gläubigen beten, aber er sang den Koran ohne hohes C, dann schickte Allah mit Mohammed noch eine Botschaft: »Gläubige, wenn ihr besoffen seid, bitte wartet, bis ihr wieder richtig sprechen könnt.« Der Mann

mit dem Schaf erzählte dann weiter, dass ein Herr Malik ein Essen gibt. Sie essen und trinken und fangen an, über ihre Sippen zu dichten, und ein Herr Ebu Vakkas sagt ein Gedicht, das macht Herrn Malik böse, und ein Mann von Malik packt einen Kamelknochen und macht Herrn Vakkas Kopf kaputt. Dann gingen sie zu Mohammed und sagten: »Ja, Mohammed, sage endlich über den Wein etwas.«
Da ging die Deutschland-Tür auf. Zwei Grenzbeamten riefen den Mann mit dem Schaf zur Passkontrolle. Er durfte mit seinem Schaf durch die Deutschland-Tür durch. Er sagte beim Gehen: »Mohammed sagte, er habe von Allah eine Botschaft gekriegt: Nix Wein.« Der Mann mit dem Schaf war weg, die anderen mussten noch warten. Der Bauer las aus dem Gastarbeiterhandbuch weiter: »In Europa trägt man kein Kopftuch, wenn Türkisch-Frau Kopftuch trägt, Europa sie nix lieben. Gastarbeiter ohne Kopftuch laufen. Und wenn willen Kopftuch, dann machen wie Europa-Frau tragen Kopftuch.« Das las er absichtlich zu der Türkin mit Kopftuch, die da wartete. Die Frau machte ihren Mund auf und erzählte, dass das Kopftuch wegen der Hochzeitsgäste von Mohammed in die Welt gekommen ist. Weil die Kerle, als Mohammed seine fünfte Frau Zeynep nahm, zu lange bei ihm gesessen haben. Die saßen da, aßen, tranken, Mohammeds Frauen mussten Speisen über Speisen herantragen, Mohammed schämte sich, was zu sagen, aber die Kerle haben sich nicht einmal vor dem geborenen Morgentau geschämt. Allah hat ihn aber

nicht alleingelassen. Dann kam die erste Botschaft über das Kopftuch. »Die Frauen sollen ihre Haare, Busen, Bauch Fremden nicht zeigen. Das ist ihr Schmuck.«
Da riefen die Grenzbeamten die Frau mit dem Kopftuch zur Passkontrolle. Der Esel sagte zu ihr: »Moslem-Frau soll laufen, aber soll mit ihrem Fuß nicht so kräftig auf die Erde treten. Schmuck wackelt, gibt dem Mann Wollust.«
Der Bauer sagte zu ihr: »Schwester, du darfst doch deinen Schmuck zeigen: deinem Mann, deinem Vater, dem Vater von deinem Mann, deinen Söhnen, den Söhnen deines Mannes, deinen Brüdern – er zeigt auf sich –, deinen Neffen, den Männern, die nicht Mann sind, Kindern, die nichts von Frauen verstehen.«
Die Frau mit Kopftuch sagte beim Gehen: »Verstehe ich etwas von Schmuck und Kopftuch? Verstehe ich nicht! Aber ich liebe mein Kopftuch. Ich nikis verstehen, was wollen türkische Arbeitsvermittlungs-Gastarbeiterhandbuch von meinem Kopftuch.« Der Grenzpolizist sagte zu ihr: »Ihre Aufenthaltserlaubnis ist abgelaufen. Verstanden? Du zurück nach Hause. Alles klar?« Die Frau sagte: »Ich zurück? Ich bleiben Haus. Nikis alles klar. Mein Mann Alamania-Alaman-Frau ficken, bleiben.« Sie musste von der Alamania-Tür zurückkehren. Der Esel liest weiter: »Zivilisierte Menschen bleiben von Schlägereien zurück. Europa liebt keine Messer und Pistolen. Bitte, lieber Arbeiter, kauf kein Messer und keine Pistole. Kartoffeln, Reis und gefrorene Hähnchen kann man jederzeit kaufen und essen. Zum

Beispiel: Herr Mahmut Tarak hat mit seiner deutschen Geliebten ein Bierchen getrunken. Am Ende bekamen er und sein Messer sechseinhalb Jahre Strafe.«
Der Passbeamte fragte den illegalen Arbeiter, der sich als Fußballer verkleidet hatte: »Ihre Pässe, bitte. Türke?« Fußballer: »Türküz.«
Der Passbeamte sagte: »In die Bundesrepublik?« Fußballer: »Bunepislik.«
»Was ist der Zweck Ihrer Einreise?« Der Fußballer sagte den Namen von einem berühmten Fußball-Club: »Futbol – Futbol: Fenerbahce.« Der Passbeamte fragte: »Ein Gastspiel?«
»Nikis Gast, nikis Arbeit, Fenerbahce.«
Er fing an, Fußball zu spielen. Der Passbeamte sagte: »Keine Diskussion, mein Herr, Sie können hier nicht einreisen.«
Der Fußballer wollte durch Alamania-Tür durch, hinter seinem Ball her, aber Trillerpfeifen werfen ihn aus der Alamania-Tür.

Es wurde dunkel.
Es wurde hell.

Es vergingen ein paar Monate. Der Bauer trat aus Alamania-Tür. Er hatte ein Straßenkehrer-Kostüm an. Plötzlich kriegte er eine große Sehnsucht nach seiner Frau, die er im Dorf zurückgelassen hatte. Er zog sein Straßenkehrer-Kostüm aus und sagte zu dem Esel, er muss weg. Der Esel hielt ihn an seiner Jacke fest und sagte: »Ich komme mit, ich will auch meine Frau sehen.« Der Bauer sagte: »Bist du närrisch geworden, du Eselssohn-Esel. Hör gut zu. Wenn morgen Maistro ins Wohnheim kommt und fragt, wo ist der Kranke, dann zitterst du unter meiner Bettdecke und rufst: Ich schwitze gerade, ich schwitze gerade. Jetzt muss ich weg, mein Zucker, meine Rose.« Der Bauer ging Richtung Türkei, eine C&A-Tüte ging mit ihm mit. Der Esel dichtete für ihn:

»Dem Liebeskranken Arznei
anzubefehlen braucht man nicht,
den hoffnungslosen Kranken noch
mit Ärzten quälen braucht man nicht,
Grüß unsere Hühner von mir,
sag, sie sollen sich alle an den ersten Ast hängen.«

Dann setzte er sich hin und fing an zu philosophieren, denn er hatte inzwischen als Esel ohne Arbeit viel gelesen.

»Unsere Hühner legen, wenn es ihnen beliebt, ein Ei, und wenn es ... wie sagt man – also Regen, ja – aber anderes Material? Schnee! Wenn es schneit, gar nicht. Hier geht ein Huhn zum Henker, das nicht sechs Eier am Tag legt. Licht an, Licht aus, Licht an ... Hier sind die Menschen klug und die Tiere dumm; bei uns sind die Tiere klug und die Menschen dumm.«

Der Esel rauchte eine Zigarette, Marke »Camel«.

»Das Geld ist hier auch klug. Es weiß, wo es sich hinlegt: In die Portemannie. – Die Menschen hier fassen ihre Portemannie an wie die Heilige Schrift. Das Geld lässt

sich bitten wie die Jungfrau Maria. Unsereins aber hat das Geld in der Hosentasche.
Willst du zahlen, langst du in die Hosentasche, und manchmal sogar fängst du beim Herumsuchen deine eigenen Hoden. Bei uns zu Hause ist das Geld zerlumpt, es stinkt wie beim Trödler lange geschlafene Strümpfe, irgendjemand hat ein Liebesgedicht oder eine Telefonnummer darauf geschrieben.
Warum aber geht ein Esel nicht schneller?
Wenn man ihn schneller prügelt?
Oder: Die Menschen meiner Heimat haben sich in der Fremde Ansehen und Anerkennung durch ihre Arbeit verschafft.
Bei uns zu Hause tut das jeder Esel.
Lasst uns einmal sehen.«
Der Esel trinkt Rotwein.
»Mein 25-Bauer steigt in den Bus, zwischen Wohnheim und Fabrik, und notiert, wo er jeden Tag aussteigen muss, und trotzdem steigt er falsch aus. Warum? Weil er ›Haltestelle‹ aufgeschrieben hat. Mein Honig.
Sollen wir also eingestehen, was wir durch Sehen wahrnehmen oder durch Hören, dass wir alles dieses auch zugleich verstehen? Zum Beispiel Ausländer, deren Sprache wir noch nicht gelernt haben: Sollen wir leugnen, dass wir die hören, wenn sie darin sprechen? Oder sollen wir sagen, dass wir sie nicht nur hören, sondern auch das verstehen, was sie sagen? Ebenso, wenn wir Buchstaben noch nicht kennen, doch aber unsere Augen auf sie richten: Sollen wir behaupten, dass wir sie

nicht sehen oder dass wir sie auch verstehen, wenn wir sie doch sehen?«
Dann kam ein Gastarbeiter mit Sonnenbrille, er fragte den Esel:
»Vortrefflich – Rabbi – Sokrates.
Du mir sagen, wo ist
Puffhaus?«
Der Esel war inzwischen besoffen und sagte:
»Du gehen bis zum Rathaus.«
Der Gastarbeiter sagte:
»Nikis Rathaus, Puffhaus.«
Der Esel sagte:
»Ja, du gehen bis zum Rathaus, hinter dem Rathaus ist Puffhaus.«

Dann kam der Bauer aus der Türkei zurück. Er trug seine Frau auf seiner Schulter. Der Bauer sah seinen besoffenen Esel und fragte ihn: »Wie geht's, wie steht's, Maistro, was hast du?«
Der Esel sagte: »Nichts. Ich stehe in linker Bewegung.«
Der Esel fragte die Frau vom Bauern, wo ihr Kind ist. Sie sagte, sie habe es im Dorf von ihrer Mutter gelassen. Sie kriegte an Alamania-Tür einen Stempel in ihren Pass. Tourist, 3 Monate Aufenthaltserlaubnis. Die Alamania-Tür ging zu, dann sofort wieder auf. Die Frau des Bauern kam raus. Sie war schwanger, sie ging Richtung Türkei und sagte: »Ich nicht aushalten können Deutschland.« Dann kam sie wieder aus der Türkei Richtung Alamania-Tür, jetzt war sie hochschwanger und trug

ihr erstes Baby im Arm und sagte: »Ich nicht aushalten können Türkei.« Sie stand an der Deutschland-Tür und rief laut zu ihrem Mann. Deutschland war laut. Ihr Mann arbeitete als Bergmann. Sie rief: »Komm her, ich habe dir etwas zu sagen.« Der Bauer rief laut: »Ich kann nicht, komm du her.« Sie schrie:
»Nein.« Der Bauer warf aus Deutschland ein Paar neue Schuhe und ein Kopftuch und sagte zu seinem Esel: »Sprich zu ihr, ich muss weiterarbeiten.« Der Esel zeigte an der Deutschland-Tür einen Wohnungsschlüssel. Er sagte: »Komm, es gibt eine Wohnung.« Das war wichtig, denn bis jetzt hatte der Bauer keine Wohnung. Als seine Frau das letzte Mal in Deutschland war, hatten sie immer bei barmherzigen Türken und Deutschen übernachtet. Die Frau vom Bauern zog sich ihre Schuhe und ihr Kopftuch an und ging mit ihrem Baby und hochschwanger nach Deutschland rein. Sie sagte zu ihrem Mann, dass sein Onkel mit ihr im Dorf was gemacht hatte. Der Bauer fragte sie:
»Was hat er gemacht?«
»Er hat mir Pssssst gemacht.«
»Was hat er gemacht?«
Sie erzählte: Einen Tag arbeitete sie mit seinem Onkel und dessen Frau im Dorf auf der Apfelbaumplantage. Für diese Apfelbaumplantage schickte der Bauer seinem Onkel aus Deutschland Deutsche Mark. Sie hatte an einem Tag viel mehr gearbeitet als die Frau von seinem Onkel. Die Frau vom Onkel hatte sich mit ihr gestritten. Dann kam der Onkel vom Bauern und schlug seine Frau.

»Fünf Tage danach – ich aß gerade Kirschen –, da kam dein Onkel und begann vom selben Kirschbaum Kirschen zu essen. Er hat mir gesagt, ich habe deinetwegen meine Frau geschlagen, sie lässt mich nicht mehr ins Bett. Wenn ich jetzt eine Frau brauche, gehe ich einmal im Monat in die Stadt. Du musst mir Bus und Kosten für Frauen bezahlen.« Sie sagte zu ihrem Mann, dem Bauern: »Mein armer Kopf reicht nicht, das zu verstehen, was will dein Onkel?«

Der Bauer war sehr beunruhigt, plötzlich blutete er aus der Nase, aber er antwortete seiner Frau: »Mein Onkel ist doch etwas schwatzhaft, was soll er denn sonst gemeint haben?«

Der Esel wollte die Lage retten und sagte: »Ein Wort setzt das andere Wort, das Wort setzt den Arsch in die Kälte, wir müssen uns ins Bette scheren.«

Dann ging Deutschland-Tür wieder auf. Die Frau vom Bauern kam raus mit zwei Babys und wieder schwanger. Sie hatte ein blaugeschlagenes Auge. Sie setzte sich auf den Weg Richtung Türkei, stillte ihre Babys und erzählte: »Er liebt mich nicht. Haben Sie meinen Mann gekannt? Ich sehe ihn nicht mehr, er geht spazieren mit Geistern, so Hand in Hand. Er hat mich abgeholt, damals. Es war, ich denke, Winter. Es war nicht Sommer. Es regnete. Ja, kein Tag. Keine Sonne. Mit Taxi gefahren. Leute sagten: ›Hier ist eine Zimmer.‹ Wir sind da reingegangen, da standen wir so, weißt du, mein Inneres hat so TCZZZZZ gemacht. Wie konnten die hier leben, habe ich gedacht. Ihm habe ich das nicht gesagt.

Dann ist Abend geworden. Schlafen gegangen. Morgen ist er arbeiten gegangen, uns da mit Zimmer allein gelassen ... Tochter weint. Ich sage: ›Aische, mein Kopf gebe ich dir zum Opfer. Weine nicht.‹ Und dann hat er uns ein-, zweimal spazieren gebracht. Dann haben wir Autos gesehen. Er sagte: ›Ich bauen Autos, ich bauen Autos.‹ Ich habe gesagt: ›Ich glaube, du zusammenstoßen mit Autos.‹ Ich kann ihnen sagen, warum. Wenn er für Auto Übersünden machte, kam ins Zimmer und dachte nicht, dass ich auch von einer Mutter geboren bin. Er hat uns geschlagen, immer, immer. Für Allah ist er ein guter Mensch, er raucht nicht, er trinkt nicht, aber warum er schickt Geld zu seinem Onkel? Einmal bin ich gelaufen. Nachbar sagte, am Bahnhof gibt große Kaufhausen. Ich hatte das Mädchen mit, dann es war so schnell dunkel. Sie weint ... Da hat mir Allah die Kirche gezeigt. Sie macht ja so: Bim Bam, Can Can. Ich kenne sie. Die gebrochene Kirche. Bis Kirche gelaufen. Von Kirche aus das Zimmer wieder gefunden. Von Morgentau bis Sterne kommen, drehe ich mich im Zimmer wie blinde Mühlpferde. Ich denke oft, Allah hat uns begraben, wir müssen viele Sünden haben, aber was habe ich gemacht? Habe ich geraucht? Was ist der Mensch? Der Mensch ist ein Teller voll nasse Erde. Wohin man uns schmeißt, bleiben wir da. Aber ich kann nicht. Ich weiß nicht. So klein war ich, mit meiner Großmutter, him meläugige Aische, suchten wir zwischen den Koranblättern die Wimpern von Mohammed. Großmutter sagte: ›Mohammed hat so viel geweint um die Menschheit, deswegen seine Wimpern sind runtergeregnet.‹ Es ist wahr. Damals hatte ich nur gezittert. Was ist los mit meinem Mann? Ich gucke links, ich gucke rechts. Ich habe Kopfdurchfall von Alleinsprechen. Der Esel zum Beispiel ist nicht so, er ist klug. Er bleibt nicht im Zimmer wie eine gefüllte Paprika im Kochtopf. Er hat seine Luft. Ach, was weiß ich. Meine Großmutter sagte: ›Der Mensch ist ein Vogel. Machst du Augen auf, bist du da. Machst du Augen zu, bist du dort.‹ Wiedersehen Alamania!«

Als sie ging, schaute der Bauer aus der Deutschland-Tür hinter ihr her. Er konnte nicht weg, denn er arbeitete auf der Straße mit dem Presslufthammer. Er sprach in ihre Richtung: »Geh, geh. Ich glaubte, ich wäre das Vorderrad, wohin das Vorderrad ging, sollte nicht das Hinterrad auch gehen? Ich sage ›Ja‹, aber das Weib kutschiert sich selbst. Und wie sie geht, kann einen Mann, der keine Zunge im Mund hat, irre machen. Lass mich, Esel.« Der Esel sagt: »Ich will dir nur deinen Schweiß abwischen. Du bist so nass.«

Der Bauer sagte:

»Lass mich ausschwitzen, bis es mich nicht mehr gibt.«

»Arbeite weiter!«

»Ich muss zum Dorf. Warum sie mit meinem Onkel vom selben Baum Kirschen gegessen hat. Ich muss wissen, ich will Rache.«

Der Esel sagte:

»O mein Sohn, welche Rache? Du hast keinen Urlaub, warte, bis Weihnachten ist.«

»Ich gehe jetzt.«
»Trinke Raki, das tötet die Unruhe.«
»Ich finde keine Ruhe mehr.«
»Dann lass es.«
»Was?«
»Die Ruhe suchen.«
»Komm, Weihnachten, komm, muss, muss wissen.«
»Was?«
»War mein Onkel schon unterm Kirschbaum, dann ist meine Frau zu ihm gegangen, oder war sie schon unterm Kirschbaum: Mein Onkel ist zu ihr gegangen. Da ist Kirschbaum zum Beispiel, da ist sie, da ist ...«
»Weihnachten ist da«, sagte der Esel.
Der deutsche Meister kam und sagte: »Frohe Weihnachten, diese Pulle Sekt schickt Ihnen die Firma und die Gans auch.« Der Bauer fragte: »Warum weinen Sie, Meister?« Der Meister sagte: »Wir sind hundert Mann, alle entlassen. Du gehen stempeln, ich gehen stempeln. Tschüss, Kollega.«

Urlaub, Weihnachten, O Tannenbaum

Bahnhof.
Die Züge fahren ab, die Züge kommen an. Es gab beleuchtete Weihnachtsbäume. Die Gastarbeiter auf Urlaub standen in Gruppen und redeten gleichzeitig. Manche hatten die Finger mit dem Hammer kaputtgeschlagen, damit sie Urlaub kriegten. Alle versteckten Sachen, die sie in Alamania gekauft hatten, um sie in ihr

Land zu schmuggeln. Die Glocken schlagen, eine Kaufhausmusik »Stille Nacht, heilige Nacht« wiederholt sich ununterbrochen. Die Gastarbeiter stehen in ihren Sommeranzügen. Es schneit. Der Weihnachtsmann schenkt ihnen billige Uhren. Ihre Schuhe sind nass. Die Kragen sind hochgeschlagen. Sie haben Koffer dabei, ihre von der Firma geschenkten Weihnachtsgänse und Sektflaschen. Der Weihnachtsmann steht bei seinem Baum und gibt den Gastarbeitern in Plastiktellern Gulaschsuppe. Der Bauer und sein Esel sind auch da.

Die Türken sprachen in ihrer Sprache, die mit deutschen Wörtern gemischt war, wofür sie in Türkisch keine Worte hatten, wie: Arbeitsamt, Finanzamt, Lohnsteuerkarte, Berufsschule. Ein gestandener Gastarbeiter sprach:

»Sonra Dolmetscher geldi. Meisterle konustu. Bu Lohn steuer kaybetmis dedi. Finanzamt cok fena dedi. Lohnsteuer yok. Bombok. Kindergeld falan alamazsin. Yok. Aufenthalt da yok. Fremdpolizei vermiyor. Wohnungsamt da yok diyor. Arbeitsamt da Erlaubnis vermedi. Ben oglani Berufsschule ye gönderiyorum. Cok Scheiße bu. Sen krankami ciktin.«

Ein zweiter gestandener Gastarbeiter sprach: »Krankenhaus da doktorla gavga ettim. Nirde Krankenscheinin dedi. Yahu, doktor, ben krankim. Yahu krank görmüyorum. Yok Krankenschein yok – para yok. Yahu, doktor, dedim. Fabrik yollar Urlauba gidiyorum, Heimweh falan dedim. Doktor: Nikis krank. Gesundschreiben yapti. Ver Gutpapier, ulan, nikis schlecht Papier dedi. Ben Urlauba gidiyorum dedim.«

Der Bauer und sein Esel standen auch am Bahnhof. Der Bauer konnte nicht mehr mit dem Zug in die Türkei fahren, denn er war jetzt arbeitslos und musste Arbeit suchen. Wenn er einmal aus Deutschland-Tür rausgegangen wäre, hätte er vielleicht nicht mehr durch diese Tür reinkommen können. Der Bauer sah plötzlich am Bahnhof den Mann, der sich vor Deutschland-Tür als Fußballer verkleidet hatte. Dieser Mann war in Handschellen, und seine Handschellen waren an einen deutschen Polizisten gekettet. Er wartete mit dem Polizisten auf den Orient-Zug, auf seine Abschiebung. Der Zug war verspätet. Der Bauer fragte ihn: »Hey, Aga, meine Augen beißen dich irgendwoher. Aber woher?« Damit meinte er, er kenne ihn irgendwoher. Der Fußballer sagte: »Fußball, Fußball.« Der Bauer erkannte ihn dann und sagte: »Erzähle, was hast du gemacht, als du damals nicht durch Deutschland-Tür reinkamst.«
»Jugoslaw-Taxi bringen uns bis Italien. Grenze. Hundert Mark für alle Mann. Daccord. Taxifahrer hat gesagt: ›Taxi ist kaputt, ihr braucht drei Schritte laufen, Grenze ist sowieso da.‹ Lauf Allah, lauf. Italien-Polizei sagte: ›Piano, piano.‹ Italien-Polis geben wir zweihundert Mark. Italien hat zuerst gesagt, nehme nicht. Wir haben gesagt: ›Nimm, als Geschenk. Du kannst deinen Kindern, Frauen, Mutter, Vater, Großmutter etwas schenken von uns.‹ Na, wo ist denn der Polizist. Ihn gibt's nicht mehr. Seine Hand gibt es nur. Hinter der Wand so eine Hand. Dann lauf, Italien, lauf. Wir wollten nach Frankreich, kauften Fahrkarten, sagten: ›Fransa,

Fransa.‹ Der Verkäufer sagte: ›Ja, ja, Florenza, Florenza.‹ Und dann fahre, Allah, fahre. Viele Brücken, Allah, schön. Wir sagten: ›Fransa, Fransa.‹ Der Italiener sagte: ›Nein, Florenza, Florenza.‹ Ausgestiegen, haben wir dann gedacht, lassen wir Fransa. Gehen wir in eine Stadt, die nahe ist: München.«
Der Fußballer hatte in München als Schwarzarbeiter Äpfel für deutsche Bauern gepflückt.
Der Esel sagte: »Und?«
Der Fußballer sagte:
»Und die Äpfel wachsen rot.
Türken wachsen schwarz.
Wachse, Allah, wachse, pflücke Äpfel, pflücke sie.
Mein Leben ist zum Apfel geworden, Bruderherz.
Nachts wachst du auf von deinem süßen Schlaf am Autofriedhof.«
Der Bauer fragte: »Opel-Friedhof?«
Fußballer: »Volkuswagen-Friedhof. Du denkst, Apfel spricht mit Apfel.
Nein. Polizei. Lauf, Allah, lauf.
Parole: Wenn Kollege sagt Apfel, im Versteck bleiben.
Wenn er sagt Birne, die Luft ist rein.«
Die anderen hörten ihm zu, wollten ihn trösten. Eigentlich hatte jeder einen Kummer. Und sie fingen an, aus der Traurigkeit mit irgendwelchen Gegenständen und Musikinstrumenten zu musizieren, und dabei tauschten sie ihre Hüte, dichteten über Alamania mit sehr falsch gesprochenem Deutsch, und so überlebten sie ihre Traurigkeit.

Fußballer: »Oh, München, du, mein grüner Mantel, der stets einkaufen geht.«
Bauer: »Oh, Bochum, wie hast du dein Gesicht gewaschen.«
Fußballer: »Da blutete König Ludwig 2 aus der Nase.«
Esel: »Die Männer haben zwei Eier in dem Napf ...«
Bauer: »Und mein Onkel hat seine Frau geschlagen.«
Eine Türkin: »Viele Könige haben am Ende ein Dorf geschaffen.«
Bauer: »Königallee, Königsallee.«
Esel: »Könige sind alle.«
Ein Türke: »Ich bin ein Säufermensch.
Ich bin ein Kind aus Istanbul.
tak tak. Geldmaschine.
Maschinen machen mich kassieren.
Maschinen.
Gewinn.
Verloren.
Alles klar.«
Dann kam ein Deutscher, der ein Türkenliebhaber war, sah diese mit irgendwelchen Gegenständen am Bahnhof musizierenden Türken und fing auch an, so wie sie zu trommeln, und dichtete für Türken:
»Mondschwarzes Haar, unter deutsch-deutschem Himmel galoppiert ein türkischer Schimmel.
Ja, wissen Sie, ich kenne auch einen Türken, Süleyman Ufak. Ein so kleiner Mann, aber so klein. Ich weiß noch genau, er war Schlosser, Kollege von meinem Stiefvater. Er kam zu uns, saß im Wohnzimmer, guckte mit

uns Fernsehen. Einmal kam seine Frau mit. Touristin. Da haben sie bei uns auf der Couch im Wohnzimmer geschlafen. Sie haben so gebumst, so gebumst, mein oller Stiefvater ist aufgestanden und hat gesagt: ›Hört auf damit. Wir können nicht pennen.‹ Ich dachte, ich spinne. Er hat später mit meiner Mutter was gehabt. Fast eine Zweierbeziehung. Er war sehr nett. Eines Tages schenkte er mir so ein Aquarium. Und überhaupt bei euch wäscht man sich den Arsch mit Wasser nach dem Kacken, nicht. Siehst du, ich weiß das. Das hat er mir erzählt. Ich wasche auch immer meinen hier. Erst wasche ich ihn, dann trockne ich. Ha, wenn ich ihn einen Tag nicht wasche, wird meiner hier ganz rot. Ich habe ein Handtuch für den Hintern und eines für die Füße. Für Gesicht und Körper habe ich natürlich auch Extra-Handtücher.«
Der Orient-Zug war angekommen. Alle steigen ein, außer unserem Bauern und seinem Esel.

Es wurde dunkel.
Es wurde hell.

Es gingen viele, viele Jahre vorbei.
Der Bauer kam mit seinem Esel aus Alamania. Der Bauer war nicht mehr zu erkennen. Die Hälfte seines Gesichts war gelähmt, weil die faschistischen Türken ihn geschlagen hatten. Statt seiner schönen Haare hatte er jetzt eine Glatze.
Er trug eine Brille, einen Diplomatenkoffer und einen

dunkelblauen Anzug. Sein Kopf war mit einer Bandage umwickelt. Sein Esel trug die alten Sachen vom Bauern, auch seine schöne rote Weste. Und er hatte eine rote Trinkernase bekommen. Auf seinem Rücken schleppte er viele Geschenke. Der Zollbeamte kam mit dem Hund. Der Hund beschnupperte die Sachen, und der Zollbeamte sprach ins Funkgerät: »Karin, Anton, Richard, Anton, Gustav, Otto, Emil, Zeppelin, Siegfried, Cäsar, Heinrich, Ida, Cäsar, Karla, Siegfried, piep, piep. Aufmachen, ich muss das sehen.«

Der Zollbeamte fing an, die Kopfbandage des Bauern zu untersuchen.

Der Esel sagte ihm: »Geben Sie den Kopf wieder zurück, oder behalten Sie ihn. Hier ist die Krankschreibung vom Arzt.«

Der Zollbeamte sagte: »Keine Diskussion. Ich tue hier nur meine Pflicht.«

Das dauerte sieben Minuten lang. Diese Untersuchung tat dem Bauern weh. Nach der Untersuchung verband der Esel dem Bauern den Kopf wieder und tröstete ihn mit den Sätzen von Karl Marx über die Arbeit, er hatte nämlich inzwischen viel gelesen. »Der wirkliche Reichtum der Gesellschaft und die Möglichkeit beständiger Erweiterung ihres Reproduktionsprozesses hängt also nicht ab von der Länge der Mehrarbeit, sondern von ihrer Produktivität und von den mehr oder minder reichhaltigen Produktionsbedingungen, worin sie sich vollzieht ...«

Der Bauer sprach vor sich hin in Richtung Zollbeamter: »Meine Antwort ist, liebster Herr, wenn ein Kopf ein so schlimmes und gefährliches Ding ist, warum trennen Sie ihn nicht gleich ab? Verbrennen könntet ihr ihn mit Schwefelfeuer, liebster Herr, sage ich. Ich lasse Sie gerne gewinnen. Ich sage, liebster Herr, ihr sucht jeden Tag von neuem nach einem verlorenen Krieg ... Sieg, liebster Herr!«

Der Esel versuchte weiter, ihn mit den Sätzen von Marx zu trösten: »Das Reich der Freiheit beginnt in der Tat erst da, wo das Arbeiten, das durch Not und äußere Zweckmäßigkeit bestimmt ist, aufhört; es liegt also der Natur der Sache nach jenseits der Sphäre der eigentlichen materiellen Produktion. Wie der Wilde mit der Natur ringen muss, um seine Bedürfnisse zu befriedigen, um sein Leben zu erhalten und zu reproduzieren, so muss es der Zivilisierte, und er muss es in allen Gesellschaftsformen und unter allen möglichen Produktionsweisen.«

Der Bauer hörte ihm nicht zu. Er dachte an seine Frau. Er sagte: »Mein liebster Herr, mein liebstes Weib hat auch ein schönes Schwert in der Hand. Zwei Jahre habe ich sie nicht gesehen. Wenn ich zwischen ihren Brüsten liege, werde ich sie auch gewinnen lassen. Mein Haus ist noch nicht fertig. Meine Apfelplantage ist noch nicht fertig. Weil ich kein Geld geschickt habe. Mein liebes Weib soll gesagt haben, das haben mir meine Verwandten in einem Brief berichtet, ›Wenn ich nur einmal so winke, finde ich 50 Bauern.‹«

Der Bauer war nicht nur am Kopf von bösen Türken

verletzt worden, sondern auch im Herzen, von seiner Frau. Er konnte nicht vergessen, dass seine Frau damals, wo er in Alamania als Bergmann gearbeitet hatte, mit seinem Onkel im Dorf vom selben Baum Kirschen gegessen haben sollte. Der Bauer veröffentlichte seinen Kummer, indem er laut weinte und seinen geschlagenen Kopf an die Wand schlug. Der Esel wollte ihn wieder trösten, deshalb rasierte er ihn. Es half nichts. Er legte eine Bauchtanzkassette in das Tonband und fing an, Bauchtanz für ihn zu machen. Darauf kriegte der Bauer Lust und sagte: »Du hast ihn hochgebracht, Esel, du musst ihn bringen runter.« Und beide erzählten Geschichten, was sie in Alamania alles versucht hatten, um für den Bauern eine deutsche Freundin zu finden. Sie haben eine Anzeige aufgegeben für eine Sprachlehrerin. Der Bauer wollte, dass die Sprachlehrerin lange blonde Haare und ein Madonna-Maria-Gesicht hat. Er wählte eine schüchterne Lehrerin. Das Mädchen sollte von ihm denken, dass er ein anständiger Mann ist, aber sie sollte auch fühlen, dass er ein Mann ist. Der Bauer fragte einen türkischen Studenten, der ihn politisiert hatte, was er tun muss. Der Student gab ihm den Rat, er solle eine Zwillingsmütze, also einen BH, kaufen. Und diesen BH unter seinem Kopfkissen verstecken. Aber eine Hälfte dieses BHs solle er vom Bett herabhängen lassen, damit die Sprachlehrerin denke, er habe die Frauen gerne. Der Bauer kaufte Zwillingsmütze, steckte einen Zwilling unter das Kopfkissen, der andere Zwilling hing vom Bett herab. Aber kurz bevor die Lehrerin in sein Zimmer reinkam, versteckte er beide Mützen unter dem Kissen, denn er war so schüchtern. Dann fragte er seinen Studentenfreund noch einmal um Rat: Was tun? Der Student gab ihm Rat und sagte: »Kauf ein teures Parfüm, sprühe es in den Raum, kurz bevor deine Sprachlehrerin kommt.«

Der Bauer kaufte ein teures Frauenparfüm, sprühte es in den Raum, aber er öffnete das Fenster, kurz bevor die Lehrerin kam. Die Sprachlehrerin fragte öfter den Bauern, der während des Unterrichts sehr oft seufzte, »Was hast du denn?« Der Bauer antwortete: »*Heimweh!*«

Der Bauer erzählte: »Dann ich aufgeben Anzeige für Tanzlehrerin. Gisela Schmidt. Schönes Mädchen. Sie sagte mir: ›Du mich nennen Gila, ich dich nennen Kary!‹ Ich ging zweimalwoche zu Giséla.

Eins, zwei, Gila tanzt mit mir sehr weit.

Drei, ich will aber tanzen eng.

Vier, tanzen zu eng.

Gila mir sagte: ›Anständig bleiben.‹

Ich schwöre für bleiben.

Fünf, meine Hand auf Gilas Hinterhof gerutscht. Sechs, Gila mich rausschmeißen.«

Mit diesen Erzählungen vergaßen sie ihren Kummer und kamen Egon-Tango-tanzend in ihrem Dorf an. Im Dorf stand der Brunnen noch immer da. Aber da stand auch ein Korb voll Äpfel. Diese Äpfel gehörten dem Bauern. Dem Bauern schmeckten seine Äpfel. Und da kam seine Frau mit einem anderen Korb voller Äpfel. Sie bot ihm Äpfel an. Der Bauer lehnte ab, der Esel

nahm, alle legten sich schlafen. Im Stall der Esel wurde eine Kerze angezündet. Der Esel saß da, seine Frau, die Eselin, kratzte ihm den deutschlandmüden Rücken. Der Esel trank Rotwein. Die Eselin fragte ihn: »Geht es dir besser?«
Esel: »Viel besser, kratz auch da ein bisschen.«
Eselin: »Gibt es dort auch Läuse?«
Esel: »Natürlich, Läuse sind Tiere mit Zukunft.«
Eselin: »Das glaubt hier keiner.«
Esel: »Genau das wissen auch die Läuse. Hör auf zu seufzen, so werde ich dir etwas Lustiges erzählen.« Er erzählte seiner Frau, was sie in Deutschland gemacht hatten. Wie viele Anzeigen sie aufgegeben hatten, um eine Freundin für den Bauern zu finden. Er erzählte, dass der Studentenfreund des Bauern ihm den Rat gegeben hatte, eine solche Anzeige aufzugeben: »Ich bin ein verheirateter Mann. Ich liebe meine Frau sehr. Ich vögele ein paar Mal in der Nacht mit meiner Frau, bis die nicht mehr kann, und dann sitze ich da – unbefriedigt. Ich möchte gerne eine verheiratete Frau kennenlernen, der es auch so geht. Da ich selbst verheiratet bin, müsste die Dame keine Angst haben. Strengste Diskretion. Wo unsere Partner nicht mehr können, da fangen wir erst an.« Der Esel erzählte weiter, dass eines Morgens der Bauer ihn wie ein Irrer geweckt hatte, als er noch schlief. Der Bauer hatte auf seine Anzeige eine Antwort bekommen. Er sagte zitternd: »Polizei. Sie übergeben uns der Polizei.« In dem Brief stand: »Nimm dich zusammen, lieber Freund, nächstes Mal schicken wir deinen Brief

dem Kommissar.« Und im Brief war auch ein Foto von einem Polizei-Kommissar aus einem deutschen Tatort-Film. Als der Esel all das seiner Frau im Eselstall erzählte, ging der Bauer nackt, aber mit seinem Aktenkoffer an die Hand gekettet, bei den Eseln vorbei zum Brunnen und wusch sich dort. Die Eselin wollte unbedingt wissen, was in dem Aktenkoffer ist. Der Esel schwieg, aber die Eselin wollte es wissen. Der Esel versuchte mit einem Gedicht die Sache vergessen zu machen:
»Ein echter Berliner ist aus Berlin.
Ein echter Türke ist aus Kreuzberg.
Ein echter Pariser ist aus Gummi.«
Die Eselin sagte aber: »Tasche, Tasche!«
Der Esel musste ihr die Wahrheit erzählen: »Also, der Bauer kaufte diesen Aktenkoffer, tat Präservative und Sex-Creme, für den Fall, dass er eine Frau trifft, in den Koffer rein. Einmal musste der Bauer zu einer politischen Versammlung nach Braunschweig. Er ging hin, dann schickte er seinem Esel einen Brief. Er schrieb: ›Ich gehe im Auftrag der linken Studenten nach Berlin. Schicke meine Tasche nach Berlin an das Polit-Büro der Studenten.‹ Ich schickte die Tasche nach Berlin. Der Bauer war aber gerade in einer anderen Stadt. Die Studenten öffneten die Tasche und verkauften den Inhalt, das Geld kam in eine politische Kasse.«

Es wurde dunkel.
Es wurde hell.

Der Hahn krähte.

Das türkische Dorf hatte seine Geschenke aus Alamania.

Das Minarett bekam ein Tonband. Man sah den Hodscha nicht mehr. Der Ezan ertönte aber in der falschen Geschwindigkeit.

Eine Frau saugte Staub. Die Maschine zog an ihren langen Haaren.

Ein uralter Mann trocknete mit einem Haarföhn seinen Bart, den er am Brunnen wieder und wieder nassmachte.

Eine Waschmaschine arbeitete. Ein Kind wollte seine Katze auch in der Maschine waschen.

Der Bauer saß da als Apfelkönig, und seine Frau musste ihm den Rücken massieren. Sie setzte ihm auch kleine Teegläser auf seinen deutschlandmüden Rücken, um ihn zu schröpfen.

Der Onkel des Bauern maß das Dorf aus, wie viele Apfelbäume sie noch anpflanzen könnten.

Es ist noch 596 Bäume Platz da.

Sagen wir 50 Apfelbäume 5 Jahre alt.

200 Apfelbäume 3 Jahre alt.

153 Apfelbäume 1 Jahr alt.

Der Bauer sagte: »Onkel, du bist doch wirklich ... wie ein Türke, erlaub mir.«

Er rechnete mit einem Taschenrechner und sagte: »999 Apfelbäume.«

Der Onkel sagte: »Ich dachte an 1000.«

Der Bauer sagte: »999 stehen da, derselbe Gott gibt auch 1000.«

Der Bauer gab seinem Onkel Geld. Er hatte seit kurzem wieder Arbeit in Deutschland. Seine Frau brannte ihm den Rücken mit den Teegläsern.
Er sagte: »Du willst mich töten.«
Sie sagte: »Du willst mich töten.«
Er schlug sie, sie schlug zurück. Und dann fing sie an zu zittern, und sie deckte sich zitternd mit sieben Decken zu, aber sie zitterte trotzdem weiter. Der Bauer war immer noch böse wegen der Geschichte mit seinem Onkel, mit dem sie damals von demselben Baum Kirschen gegessen hatte. Die Verwandten kamen, brachten Essen und lobten den Bauern, weil er jetzt ja ein reicher Mann ist.
Die Verwandten sagten: »Seit er nach Alamania gegangen ist, sind unsere Kinder klug geworden.« Oder: »Alle faulen Schafe haben Lämmer geworfen.«
Oder: »Es hat auch sehr viel geregnet.«
Der Onkel sagte: »Mein Neffe, nachdem du fort warst, hat deine Frau ihre Vernunft verloren.« Der Bauer sagte: »Meine Frau hatte schon früher keine Vernunft, ob sie wohl etwas anderes verloren hat?« Die Frau des Bauern zitterte und sagte zu ihrem Mann: »Deine Verwandten sollen auf deinen Kopf fallen. Wenn du tot bist, wecke ich dich nicht. Wach auf. Weil du ein reicher Mann bist, spreche ich zu dir. Warum musst du reich werden, wenn die Krähen dir dein Haus fressen werden?« Sie war böse, dass alle Verwandten ihrem Mann die Füße küssten, weil er jetzt ein reicher Mann war. Der Bauer sagte ihr, sie sei eine Imbiss-Boulette. Sie sei siebzigmal

kälter als eine gestandene Imbiss-Boulette. Denn er hatte in Deutschland viele Imbiss-Bouletten essen müssen.
Der Bauer sagte zu ihr: »Antworte schnell, warum du damals zum Kirschbaum gelaufen bist.« Die Frau sagte: »Du bist auch nach Alamania gelaufen!«
Der Bauer: »Ei wahrhaftig, Alamania ist zu mir gelaufen.«
Die Frau: »Also, der Kirschbaum ist auch zu mir gelaufen.«
Der Bauer: »Gut, aber weshalb bleibt sie denn da und hört sich die Hoden-Geschichten meines Onkels bis zum Ende an?«
Die Frau sagte, sie sei nicht die Tochter eines Arztes, sie weiß eben nicht, wie man weghört. Dann fing sie an, noch mehr zu zittern. Sie sagte:
»Allah, gib mir Geduld,
oder mach mein Herz zu Stein.
Gib mir zwei Flügel,
oder mach mich zum Vogel.«
Der Bauer hatte Mitleid mit ihr.
Er stellte in ihre Nähe eine elektrische Heizung aus Alamania und sang für seine Frau:
»Marmor, Stein und Eisen bricht,
aber unsere Liebe nicht.
Alles, alles geht vorbei,
aber unsere Liebe nicht.«
»Ich weiß«, sagte er zu seiner Frau, »du hast keine Schuld. Ich denke, Kapital ist schuld. Wir können uns retten, wenn alle mit dem Kapitalismushammer geschlagene Leute ...«

Da kam der Esel zu ihm, sah die zitternde Frau, die Lügen der Verwandten des Bauern und den politisierten Bauern: »Du musst erst mich und deine Frau retten. Komm, gehen wir nach Deutschland.«

Der Bauer fragte den Esel: »Was hast du?«, da dieser stark blutete. Der Esel hatte auf der Dorfstraße einen Zusammenstoß mit einem Gastarbeiterauto Opel Caravan, weil die Dorfstraße nicht für Autos, sondern noch für Esel gebaut war. Der Esel erzählte: »Du hättest sehen sollen, zwanzig Meter flog ich hoch, dann herunter. Da habe ich mit meinem Fuß sein Fenster eingeschlagen und in sein Gesicht mal so geguckt. Der Kerl hat gesagt, dass er in Alamania seiner Versicherung melden wird, dass ein Hirtenhund sein Auto angegriffen habe, sonst kriegt er kein Geld, hat er gesagt. Esel greifen ja keine Autos an. Wir müssen nach Alamania gehen. Komm.«

Der Esel machte sich auf den Weg nach Alamania mit der noch immer zitternden Frau des Bauern und deren Kindern. Der Bauer aber blieb im Dorf. Er wollte ohne seine Frau seine Verwandten fragen, was mit dem Kirschenessen vom selben Baum mit seinem Onkel in Wahrheit war. Als der Esel mit der Frau und den Kindern auf dem Weg nach Deutschland war, sah der Esel vor der Deutschland-Tür einen intellektuellen türkischen Erleuchteten. Der Erleuchtete saß in einer Badewanne mit einer Schreibmaschine und wollte an die Leute, die aus der Deutschland-Tür herauskamen, manche Fragen stellen. Er fragte einen Mann mit einem

Kinderwagen: »Dürfte ich vielleicht Sie fragen, warum gehen Sie in die Türkei zurück?« Der Mann sagte gar nichts. Er zeigte ein Verbotsschild, darauf stand:
»Spielen der Kinder
auf Hof, Flur und Treppen
ist im
Interesse aller Mieter
untersagt!«
Dann kam ein Arbeiter im Rollstuhl vorbei. Er sprach, bevor der Erleuchtete in der Badewanne ihm Fragen stellte:
»Ich arbeiten viele Jahre. Doktor C & Otto.
Von einer Seite von Maschine
nehmen Stein,
auf andere Seite von Maschine
geben Stein
so ganz ganz klein, schön raus.«
Dann ging er. Ein dritter Mann in Handschellen trat auf. Der Erleuchtete fragte ihn:
»Verzeihen Sie, sind Sie Türke?«
»Ich für Deutsche Türk,
für Araber Deutsche,
zusammen Tischtennis spielen.«
Dann ging er weg.
Ein Jugendlicher wurde aus Alamania-Tür rausgetrieben. Hinter ihm wird gepeitscht.
Erleuchteter: »Can you speak English?«
Jugendlicher: »Yes, Kollega.«
»How are you?«

»I am very well. And you?«
»Sag, wovon träumst du?«
»Von Milliarden!«
»Dann?«
»Ganz viele Autos kaufen, fahren.«
»Wohin?«
»Wohin – Afrika!«
»Afrika?«
»Löwen töten – Pelzladen in Berlin!«
»Where are you going tonight?«
»Türkei!«
»Why?«
»Why? 18 geworden. Go home! I go home. Aber my home ist hinter mir, meine Eltern sind in Deutschland. I go home. Verstehen?«
Der Jugendliche führte plötzlich einen Karateschlag aus, der Erleuchtete küsst den Boden. Der Jugendliche sagte: »Das Imperium schlägt zurück. Good bye.«
Der Erleuchtete zog seine Hose aus – aus Leidenschaft, ging auf Knien, sprach: »Versteht ihr, wie wichtig es ist, für diese Leute etwas zu tun. Are you feeling that? Was meint ihr, der Kulturschock der Gastarbeiter stellt alles in Frage. Economical-cultural-political. Versteht ihr, wie wichtig das ist? Was meint ihr dazu? Man müsste unter den Gastarbeitern ein Gedicht- oder Kleidernähwettbewerb machen. Dann könnte man prüfen, wie sie aus deutschen Stoffen ihre türkischen Kleider nähen; so könnte man sehen, wie viel von ihrer Identität noch da ist. Was meint ihr dazu? Oder da ist zum Beispiel die

türkische Börse und die deutsche Börse. Dazwischen pendelt eine Wiege mit einem Arbeiterkind hin und her. Hin und her ... oder eine türkische und eine deutsche Göttin sollten gemeinsam die Geschichte untersuchen, von den Kreuzzügen bis zu Bismarck, von Bismarck bis heute. Oder es konnten zwei Figuren aus unserer Stadt Pergamon erscheinen. Jetzt ist das Pergamon-Museum in Berlin.«
Der Esel sagte: »Der Bismarck hat sie sich von uns schenken lassen. Damals baute der Schnurrbart von Bismarck die Bagdad-Bahn bis zu den Ölfeldern, damit sie schnell Öl trinken können. Und der Sultan, der aus Angst vor Aufständen immer mit schlecht sitzenden Anzügen herumlief, schenkte ihm die Stadt Pergamon und sagte: ›In meinem Herzen gibt es so viele Steine, der deutsche Ketzer soll auch etwas davon haben.‹«
Der erleuchtete Intellektuelle träumte weiter, er hörte dem Esel nicht zu und sagte: »Es konnten zwei Statuen aus Pergamon erscheinen, eine türkische und eine griechische.«
»Ich glaube«, sagte er dann, »meine Phantasie reitet mich wieder, das ist vielleicht otomanisch.«
»Manisch«, sagte der Esel.
Der Erleuchtete sagte dem Esel: »Trinkst du mit mir, mein Freund? Hier habe ich mein Innerstes auf die Bühne gelegt.
Niemand will von den Armen hören: Die Angst vor Armut. Wenn sie sich vor der Armut fürchten, dann sollten sie sie von irgendwo her gut kennen ...«

Der Esel sagte: »Arme Menschen, sagen Sie? Vielleicht ist unser Inneres sehr arm. Mein guter Freund Don Alfredo sagte einmal zu einem Gastarbeiter, er solle doch Sozialist werden. Darauf meinte der andere: ›Gib mir 10 000 DM. Dann tue ich dir den Gefallen.‹«
Der Erleuchtete fuhr mit seiner Badewanne ab. Der Esel ging mit der Frau und den Kindern des Bauern durch die Deutschland-Tür nach Deutschland.

Der Bauer suchte in Istanbul nach dem Sozialisten Holzbein, um zu fragen, ob seine Frau an seinen Schmerzen schuld ist oder der Kapitalismus. Er rief: »Huu, Holzbein, Holzbein.« Da kam ein Mann und stach den Bauern mit einem Messer nieder und sagte: »Du Kommunist du, warum du suchen Holzbein?« Dann warf er ein blutiges Holzbein dem Bauern zu. Der Bauer umarmte das blutige Bein aus Holz und verstand, dass der Sozialist Holzbein von Faschisten getötet worden war. Er sagte: »Man sollte das Land fotografieren. Alle Menschen. Bald werden sie nicht mehr da sein. Ich bin krank.«
Dann zeigte er zwei Fotos von sich. »Das ist hier, bevor ich von Faschisten in Deutschland am Kopf geschlagen wurde. Das hier, nachdem ich von Faschisten geschlagen wurde. Meine Frau saß damals mit meinem Onkel unter dem Kirschbaum und sie aßen gemeinsam Kirschen. Und da nannte sie ihn nicht mehr Onkel. Sie nannte ihn mit seinem Vornamen. Feiertag Ali. Meine alte Tante und meine Nichte haben mir das berichtet. Meine arme Mutter. Sie hat keine Zähne mehr im

Mund. Sie weinte. Sie sagte: ›Ach, mein Sohn, deine unselige Frau ist die Fußangel deines Lebens. Will sie zwischen dir und deinem Onkel Blut fließen lassen?‹«
Der Bauer glaubte, dass seine Frau ihm das gemeinsame Kirschenessen vom selben Baum mit seinem Onkel damals absichtlich erzählt hätte, damit er seinen Onkel tötet und selbst im Gefängnis landet, dort im Gefängnis stirbt, so dass seine Frau seine Sachen, die er aus Deutschland mitgebracht hatte, und seine Apfelplantage, die er mit Deutschlandgeld mit seinem Onkel gemeinsam hatte, erben könnte. Der Bauer sagte: »Ja, ja, das Leben ist süß, aber auch der Tod ist süß. Ja, ja, als die Kirschen reif waren.« Dann setzte er sich eine dunkle Brille auf und ging durch die Deutschland-Tür nach Deutschland rein.

Es wurde dunkel.
Es wurde hell.

Der Bauer schmiss im Putzmann-Kostüm aus der Deutschland-Tür seine Frau und die Kinder raus. Er sagte zu ihr: »Ich sehe dich nicht mehr als meine Frau. Meine Augen sehen dich als Mörderin.«
Sie fragte ihn: »Wohin soll ich mit drei Kindern gehen?«
Der Bauer sagte: »Geh unter die Kirschbäume.«
Der Esel sagte: »Mensch, dein Onkel legt Eier, du brütest sie aus. Du setzt dich auf die Eier, schläfst ein, dann kommt der Hund und frisst dir die Hoden.«
Der Esel wusste, dass der Bauer jetzt für sein Dorf ein

reicher Bauer war, und die Verwandten waren gegen seine Frau.

Der Bauer wurde böse auf seinen Esel, schmiss ihn auch mit seiner Schreibmaschine aus der Deutschland-Tür raus. Sie verfluchten sich gegenseitig. Der Esel sagte: »Inschallah, du sollst mit einem Opel Caravan zusammenstoßen.«

Der Bauer sagte: »Inschallah, du sollst am Fließband verrecken.«

Seine Frau sagte: »Inschallah, erfriere in der Kälte des Bahnhofs.«

Der Esel sagte zuletzt: »Inschallah, du kriegst ihn einmal hoch und nie mehr runter.«

Da wurde der Bauer sehr, sehr böse. Er goss noch einmal einen Eimer Wasser über den Kopf seiner Frau und zerriss die Romanblätter, die der Esel in Deutschland geschrieben hatte, dann ging er nach Deutschland rein. Die Tür ging zu. Die Frau vom Bauern setzte sich auf den Weg und murmelte vor sich hin. Der Esel machte im leeren Eimer Feuer an, damit er die nass gemachte Frau etwas wärmen konnte.

Aus der Deutschland-Tür kommt eine Frau. Sie schiebt eine Karre, in der ihr Mann saß. Der Mann in der Karre sang:

»Zurückbleiben.
Verrücktbleiben.
Egal.
Bleiben zurück.
Bleiben verrückt.
Na, Mensch, gib Gas.«

Die Karre stieß mit der Frau vom Bauern zusammen. Die Frau mit der Karre sagte: »Entschuldigung, mein Mann ist verrückt geworden.«
Die Frau des Bauern: »Meiner auch. Ist eurer verrückt auch wegen Apfelplantage?«
Frau mit Karre: »Nein, Opel Caravan. Ich habe ihm gesagt, warum kaufen? Er ist taub. Ich scheiße auf mein Wort. Wer hört auf mich? Ich darf nicht einkaufen gehen, Türe aufmachen, wenn klingelt. Immer in ein Zimmer, ein Zimmer ... Ein Tag. Er kommt, sagt: Caravan ist hier. Ich gucke vom Fenster, sage: Bismillah, Allah soll uns Gutes geben. Schlafen gegangen. Ich drehe mich rechts, der Mann ist nicht da. Er ist am Fenster, er sagte: Sie werden meinen Opel stehlen, sie werden meinen Opel stehlen. Ich sagte zu mir: Allah, hilf uns! Er aber hat eine Alarmklingel gelegt von Zimmer in Caravan. Ein Tag hören wir wirklich Caravan schreien: Winnnnnnnnn, winnnnnn, winnnnn. Er guckt, Caravan steht da, aber macht winnnnn, winnnnn, winnnnnnn. Kinder! Und dann hat er mitten auf der Straße zu beten angefangen. Irrenhaus vorbei. Allah sei Dank. Jetzt Türkei. Opel Caravan verkauft.«
Dann kam eine hinkende Türkin, mit Sohn, mit Krampfadern und Brille. Sie sagte: »Nicht traurig sein, Schwesterherz, mein Mann ist auch verrückt geworden.«
»Auch Opel Caravan?«
»Nein, Geld schlafen lassen. Weißt du, ich putze Eishalle, Boxhalle, Schrebergarten, Neonlampen, Spinnhäu-

ser, Friedhöfe, Botanischer Garten, Opernbühne. Dann rauche ich eine. Er aber zurückgegangen. Er sagte: ›Ich nicht aushalten können Deutschland.‹ Ich schicke acht Jahre Geld. Im Dorf alles gibt, Tomaten, Auberginen. Ich sagte: ›Ali, kauf einen Lastwagen und bringe unsere Nachbarstomaten ohne Zwischenhändler direkt in die Stadt.‹ ›Nein‹, er sagt. ›Ich will Geld in Bank schlafen lassen. Ein Jahr schlafen, Geld aufwachen, viel mehr Geld‹, sagt er. Er will auf sein Arsch sitzen und mich schlaflos machen hier.«

Die Frauen wärmten sich an dem Feuer. Der Esel schrieb auf seiner kaputten Schreibmaschine einen Brief an seinen deutschen Freund Mathias:

»Lieber Mathias,

mir geht es nicht aus dem Kopf, als du erzähltest, dass du deine junge Tochter besucht hast. Sie saß da im Kreuzberger Zimmer und bewegte sich zwischen Spiegel und Tisch sowie einer alten Frau, wie vor dem Krieg. An dem Abend habe ich geträumt, ich war in Köln. Die Straßen waren ganz leer. Der Dom und die Häuser lagen auf einem Haufen da, braunrot gestrichen, alle wie von van Goghs Pinsel aus gesehen. Es war keine Stadt mehr. Eine Selbstmordstadtmalerei war das. Ich lief ganz allein, drehte mich um: Dom und Häuser schauten auf mich, ihre Fenster waren beleuchtet. Kein Mensch da. Ich fand mich auf einem Grundstück. Oooh, atmete ich, der Dom kann mir nicht mehr folgen. In dieser Sekunde trat ich mit meinem Fuß auf etwas Weiches, Sumpf. Ich warf meine Jacke über einen

Busch und versuchte, mich daran herauszuziehen. Ich sank immer tiefer. Dann saß ich plötzlich in einem Zug: Hamburg-Altona, Intercity ... wie in einem Flugzeug. Am Ende des Korridors steht ein Spiegel. – Das Signal für den sofortigen Aufbruch –: Diese Worte las ich in dem Buch, das von einer Frau, die vor mir saß, gelesen wurde. Die Frau von meinem Bauern kam, sagte: ›Sie werden meine Haare und meinen Schmuck dem Münchener Kunstmuseum schenken.‹

Ich sagte darauf: ›Ich muss lesen.‹ Die ganze Vergangenheit wartet auf mich. Da war eine Toastmaschine und es kamen zwei Bücher brennend heraus.«

Es wurde dunkel.
Es wurde hell.

AUTOPUD.

Ein Türke rief die Polizei:
»Aloo, polis, polis.
Hier Autobahn.
6 Mann tot,
mir ist egal.
Ich bin gut. 2 Auto kaputt.
Griechisch Mann tot.
Hannover yolunu tut.«

Ein kaputtes Auto fiel vom Himmel. Menschenhände hingen aus der Tür, ein Autoradio singt noch. Ein alter

Vater ist den Toten abholen gekommen. Schaltet die Musik aus. Da kommt ein anderer Vater einen Sarg tragend.
Erster Vater: »Ihr eigener Kopf soll gesund bleiben, Aga. Sie schicken die Toten sofort. Den Toten legen sie, wie er war, in Kleidern in den Sarg. Sie löten den Sarg schön zu. In vier Tagen schicken sie ihn. Die Alamanen machen gute Särge. Der Weg hat uns fünf Seelen genommen.«
Zweiter Vater: »Aber warum? Mein Sohn liebte sein Auto sehr. Er sagte: ›Vater, ich weiß, dieser Ford Consul ist mein. Aber ich verliebe mich jedes Mal neu in ihn, wenn ich ihn mir gegenübersehe.‹«
Die Väter nahmen ihre toten Söhne und gehen in Richtung Türkei.

Unser Bauer kam auch zum Autopud mit seinem Opel Rekord. In seinem Opel Rekord saßen elf Leute. Der auf dem Dach sitzende Türke spritzte dauernd Wasser in das Gesicht von dem Bauern, damit er nicht einschläft.
Der Opel Rekord fuhr rückwärts. Der Bauer war jetzt ein anderer Mensch geworden. Eben ein Mensch mit Auto. Er erzählte: »Mein Getriebe ist am Arsch. Kaputt. Der Arsch wollte 350 Mark für ein neues Getriebe. Ich bin aber nicht bekloppt. Ich bin ja 30 Kilometer verkehrt herum gefahren. Ist was passiert? Nichts ist passiert! Außerdem: Diesen Ziegelstein habe ich aufs Gaspedal gelegt, um meinen armen Gasfuß zu entlasten.«

Der Türke auf dem Opeldach sagte: »Heimweh, Heimweh.«
Der Bauer: »Er war Abteilungsleiter, weißt du. Ich haben ein Opel Rekord, und er hat bloß ein Ascona. Datt hat ihn schon gestunken. Ich arbeite wenig Jahre als er, und habe ich schon nagelneuen Opel Rekord gekauft. Er hat öfters gefragte mich: ›Du wollen nicht dein Schnurrbart schneiden lassen? Zu lang.‹ Ich sage: ›Warum? Jesus hat auch lange Haare gehabt.‹ Datt hat ihm total auf dem Wecker gegangen. Er hatte eine Platte oben, der Opa.«
Jemand im Opel sagte: »Gut, dass der Kerl nicht Herzinfarktus gekriegt hat.«
Der Bauer: »Doch, nach mir hat er gekriegt. Seitdem ist er ruhiger.« Und er fuhr rückwärts weiter.
Es kamen zwei türkische Gastarbeiterbrüder, suchten auf dem Autopud nach ihrer gestohlenen Fernseherschachtel.
Bruder 1 fragte: »Haben Sie eine große Fernseherschachtel gesehen?«
Bruder 2: »Schaub-Lorenz-Schachtel.«
Jemand sagte: »Braucht ihr eine, ihr könnt die haben. Was ist, gefällt sie euch nicht?«
Bruder 2 weinte, Bruder 1 erzählte: »Unser Vater war in Köln, Besuch bei uns. Plötzlich starb er vor zwei Tagen. Montagmorgen. Bruderherz, ein Toter fliegt für 3000 Mark. Benzin kostet uns 500 Mark. Der Ford bringt uns und Vater gut bis in die Türkei, dachte ich. Ich habe Vater in der Schaub-Lorenz-Schachtel auf dem Dach

vom Ford gut festgebunden. Kommen bis Jugoslawien, alles gut. Geschlafen im Wald. Am Morgen war die Schaub-Lorenz-Schachtel weg.
Vater gestohlen.
Allah, gib uns Geduld.«

Es wurde dunkel.
Es wurde hell.

Der Bauer kam rückwärts fahrend mit seinem Opel Rekord in seinem Dorf an. Als Erstes putzte er sein Auto, wusch die Scheiben und schmierte es ab. Der Esel schaute zu dem Bauern, der inzwischen so viel wert war wie 125 Bauern, denn das Geld war in diesem Land inzwischen durch Inflationen so heruntergekommen. Jetzt machte eine Mark 125 Lira. Ein Bauer = 125 Bauern. Der Esel sprach zum Opel Rekord. Der Esel war sehr traurig. Weil der Bauer seinen Esel mit Opel Rekord ausgetauscht hatte.
Der Esel sagte zum Auto: »Sagen Sie mal, ein großer Kopf hat einmal gesagt: ›Es gibt jetzt andere wichtige Dinge als Frieden.‹ Was werden Sie machen, Opel, wenn Krieg vor Ihrer Türe steht?« »Ich kenne Schweizerinnen, sie haben gesagt: ›Aa, dann gehen wir sofort in die Schweiz.‹ Du kommst auch mit Esel!«
»Hahaha, nette Leute, wenn es dritte Krieg gibt, glauben sie, sie können ihre Schokolade weiter allein essen.«
Die Scheibenwischer fingen an, sich zu bewegen, Auto war böse, es schrie.
Der Esel sagte zum Bauern:

»In den Strohschober warfen sie einen Feuerbrand.
Der Weizen und die Gerste in heller Glut entbrannt.
Gebüsch und Hecken fingen – o weh – zu brennen an,
bei dem Zigeunervolke groß Weinen da begann.«
Der Bauer sagte: »Du zwitscherst über meinen Verstand.«
Esel: »Ich werde nur noch bauchreden.«
Bauer:
»Meinetwegen, rede mit dem Bauche,
meinetwegen mit dem Maule.
Du wirst vermutlich noch Prügel kriegen.«
Er schlug seinen Esel. Der Esel kriegt einen Herzanfall. Der Löwe und die Grabsteine kommen und sangen für den Esel ein Lied.
Der Esel sagte zu dem Löwen und den Grabsteinen:
»Noch mal – noch mal – noch etwas.
Wie treulos quälet mich der Freund.
Er liegt an einer andern Brust.
Das arme Herz, es sucht umsonst
Im Quälen des Geliebten Lust.
Noch mal ... ein Leben ruft mich bis zum nächsten Tod.«

Der Bauer lag auf seinem Bett, das große bunte Bett vom Anfang war in zwei Teile durchgeschnitten. Auf dem anderen Teil lag die Frau mit ihren Kindern. Der Bauer hatte alle seine Gegenstände mit im Bett. Den Diplomatenkoffer, Taschenrechner, Kassettenrecorder, einen kleinen Mini-Fernseher, seine Sonnenbrille, und er machte seinen Apfelbäumen, die über seinem Kopf standen, eine Liebeserklärung:

»Mein Liebling du, stolz und frei!
Verliebt bin ich nun mal in dich.
Erbarme dich doch meiner, denn
Lieb du mich, ich liebe dich!

Bei dir zu sein verlangt mein Herz
Von meinen Träumen Nacht und Tag.
Der Trennung bin ich müde, ach!
Lieb du mich, ich liebe dich.«

Der Apfel antwortete:
»Nach Prügeln wohl verlangt dein Herz.
Im Augenblicke sind sie gar
und schmecken dann ganz wunderbar.
Lieb mich nicht, ich lieb dich nicht.«

Der Bauer schlug mit einem Stock den Apfel, da regneten aus dem Apfelbaum mehrere Äpfel runter. Und der Bauer sah auf dem nackten Baum seine Jugend, den jungen Bauern, der einmal von dem fremden Apfelbaum Äpfel geklaut hatte. Damals hatte ihn der Besitzer des Apfelbaums gefragt, was er auf seinem Baum treiben würde. Jetzt fragte er, als Apfelbesitzer, sein Ebenbild:
»Was treibst du auf meinem Baum?«
Sein Ebenbild antwortete: »Ich bin eine Nachtigall, ich singe hier.«

Bauer: »Sing mal, ich will sehen.«
Das Ebenbild sang etwas.
Bauer: »Was für eine Nachtigall ist denn das? So eine habe ich noch nicht gehört.«
Ebenbild: »Eine unerfahrene Nachtigall singt so.«
Der Bauer sagte: »Besser runter, hopp, hopp.«
Das Ebenbild steigt vom Baum, beide fangen an, sich zu sagen: »Ich bin der Bauer, ich bin der Bauer.«
Der Bauer rief seinen Esel zu Hilfe, damit der Esel sagen konnte, wer der echte Bauer ist. Der Esel kam und ging mit seiner Jugend zusammen weg.

Die Apfelbäume zitterten.
Der Opel Rekord schrie.
Die Frau vom Bauern stand schwanger da.
Der Bauer setzte seine Sonnenbrille auf,
steigt in seinen Opel Rekord,
sagte zu seiner Frau und den Kindern:
»Wir müssen nach Alamania fahren.«
Und fuhr rückwärts nach Alamania.

Es wurde dunkel.

KARRIERE EINER PUTZFRAU
Erinnerungen an Deutschland

Ich bin die Putzfrau, wenn ich hier nicht putze, was soll ich denn sonst tun? In meinem Land war ich Ophelia.
»Wir machen gute Liebe, aber das ist nicht alles, zwischen uns ist Klassenunterschied, und als Frau hast du mich nicht geschützt«, sagte der Mann, mit dem ich im Ehebett stand. Er war ein reicher Sohn mit einem Einzel-Kind-Drama. »Geh in ein Kloster! Geh! Leb wohl. Oder wenn du durchaus heiraten willst, heirate einen Narren, denn kluge Männer wissen ganz gut, was für Monster ihr aus ihnen macht! In ein Kloster geh, und schnell, leb wohl!«, sagte er zu mir.
Ich habe ihn gefragt: »Die Klassenunterschiede waren von Anfang an da, warum hast du mich geheiratet?«
»Damals waren die Zeiten anders, ich hätte auch eine Putzfrau heiraten können damals«, hat er gesagt.
Ein Mund ist nicht ein Sack, man kann ihn nicht oben in Falten legen und zubinden. Was der Kopf denkt, sagt der Mund.
Sein Freund, Sohn eines Arztes, selbst ein Medizinstudent, sagte dazu: »Wer schweigt, lebt länger. Als ich meine Frau bei der Polizei sterben sah, wurde ich geheilt. Natürlich stimmt es nicht, dass Frauen mehr reden, aber zu zweit spricht man zu viel, allein kann man auch schweigen, Mylord, es muss kein Geist vom Grabe aufstehen, uns das zu sagen. Trennt euch!«
»Ja, richtig, das ist richtig. Und darum, ohne weiteren

Umstand, denk ich, wir schütteln uns die Hände und gehen ab. Sieh doch, es ist die Zeit zum Schweigen und die Demokratie wiederaufzubauen«, sagte mein Mann. »Oh, welch ein edler Geist ist hier zerstört.«
Als er mit seinem Einzel-Kind-Drama und seinem Medizinstudenten-Freund zum Wiederaufbau der Demokratie ins Restaurant ging, da ging seine Mutter in unsere Wohnung, um zu sehen, ob die Bücher noch auf den Regalen standen oder im Ofen starben, guckte auch ins Bett und die Bettwäsche an! Später sagte sie vor Gericht: »Diese Frau hat meinen Sohn zugrunde gerichtet, die Bettwäsche war schwarz, sie ist eine Zigeunerin, aber leider haben wir es nicht gemerkt.« Der Scheidungsrichter sagte: »Ich hoffe, alles wird weiß, man muss geduldig sein.«
Ich habe gesagt: »Sie sagen, Madame, die Eule war eine Bäckerstochter, Madame, wir wissen, was wir sind, Madame, aber nicht, was wir sein können. Gott segne Ihre Mahlzeit, Madame.« Draußen habe ich ihr meinen Arsch gezeigt.
So bin ich ertrunken in dem schwarzen Bach meiner Bettwäsche … geschieden bin ich gelaufen zu meiner Großmutter. »Großmutter, ich muss weg, bevor sie meine Leiche finden«, habe ich gesagt. Meine Großmutter hat meine Brust in die Hand genommen, mit der anderen Hand hat sie ihre Brust in die Hand genommen und beide so gewogen. »Ich verstehe nicht, warum meine so schlecht geworden sind«, hat sie gesagt, dann hat sie die anderen Brüste auch gewogen, »doch: mei-

ne sind schlechter als deine. Gehst du. Aber du kommst sicher zurück, bis ich schmutzig werde, du wirst mich waschen.«

Meine Nachbarin packte meinen Koffer, wir standen da mit meiner Großmutter, weinten, auf die Erde schauend. Dabei hat sie mir die Geschichte von der Frau Scheiße erzählt:

Es war einmal eine Frau, sie hatte wie die Frauen einen Mann, und die beiden hatten eine Kuh.

»Fütterst du die Kuh.«

»Du fütterst.«

»Ich füttere nicht.«

»Ich auch nicht.« Dann sagte sie: »Wer zuerst spricht, der füttert die Kuh.« Sie nahm ihre Stricksachen und ging rüber zu Nachbarn. Der Mann sitzt zu Hause, schweigt. Da kamen ein paar Räuber. Der Mann sagte nichts. Die Räuber packten die Sachen und rasierten dem Mann seinen Bart und Schnurrbart ab und gingen mit den Sachen weg. Es wurde Abend, die Frau kehrte zurück, sah den leeren Raum, den unbärtigen Mann, sagte: »Kerl, was ist?«

Er sagte: »Hah, du hast gesprochen, du wirst die Kuh füttern.« »Deine Kuh soll auf deinen Kopf fallen, Kerl«, sagte sie, zog sich ihre Schuhe aus Eisen an für den langen Weg und nahm einen Stock aus Eisen, dann lief sie weg, hinter dem Räuber her. Sie lief, sie lief, sie lief, auf einmal dreht sie sich um, sieht, dass sie erst einen Weg so groß wie ein Gerstenkorn geschafft hat. Dann sieht sie ein Licht, ein Hotel. Drinnen sitzen drei Männer, es-

sen und trinken, sie setzt sich, isst und trinkt mit drei Männern, die drei Männer fragen sie: »Wie heißt du, willst du's uns nicht sagen?« Sie sagt: »Ich heiße Scheiße.« Alle gehen schlafen, sie geht leise in die Küche, mischt Mehl und Wasser zusammen und tut dieses gemischte Mehl und Wasser in die langen Stiefel von diesen drei Männern, dann geht sie weg. Nachts stehen die drei Männer von ihren Betten auf, suchen im Dunkeln die Frau, rufen dabei: »Scheiße, Scheiße, Scheiße.« Der Hotelier wurde wach, sah die aus den Stiefeln fließende Mehl-und-Wasser-Mischung. »Kerle, habt ihr geschissen auf meine Teppiche«, sagte er und schlug die drei Männer.
Ich habe gesagt: »Großmutter, ich gehe, der Zug wartet.« Sie sagte: »Am Ende gewinnen immer die Bösen.«

Ich wollte mich langsam an Europa gewöhnen, deswegen bin ich mit dem Zug gefahren, ich gehe, aber ich lasse so viele Tote hinter mir, der Schlaf von einem Kind, das zum ersten Mal ein Schiff sieht, wird leicht, und der Schlaf eines Jungen, der getötet worden ist, ist aus. Für ihn Zigarette, Abend, Straße, Katze ist vorbei. Er wird mit einem Pferd in mir herumlaufen, vielleicht gegen Morgen an einen Fluss kommen.
Und ich Wasserleiche bin in einem grünen Garten angekommen. Als Ophelia ertrunken in meinem Land, wieder in die Welt gekommen in Deutschland als Putzfrau. Schwarze Haare und weiße Plastiktüte, das reichte. Keiner merkte, dass ich die ehemalige Leiche von

einem Mann bin, der Hamlet spielen wollte und sollte! Ich als Putzfrau, Deutschland bleibt sauber, ich habe Augen geschlossen, bis 22 gezählt, ich sagte: »Ich mache die Augen auf, und bei dem ersten Prinzen, den ich sehen werde, werde ich arbeiten, 20 – 21 – 22.« Da stand ein Hund. Schwarzweiß gekleidet, Zähne geputzt, kurze Haare, Nase geputzt, nicht nass. Ich bin diesem Prinzen gefolgt. Meine Arbeit war leicht. Der Prinz schiss im Wald, ich bin immer hinter ihm gelaufen und habe die Scheiße in einer weißen Plastiktüte gesammelt und nach Hause in den Förstersalon gebracht. Der Herr Förster sagte: »Wenn der Prinz eines Tages nicht mehr lebt, die Hunde leben nicht so lange wie die Menschen, dann habe ich wenigstens ein Andenken von ihm.«
Kein Wolf im Wald hat mich angesprochen, ich denke, sie haben auch gearbeitet. An einem sonnigen Tag merkte ich was, sagte ich zu mir: »Was ist los, die gewöhnliche Scheiße vom Prinzen nicht mehr da.« Die Scheiße fehlte. Ich kehrte zurück mit leerer weißer Plastiktüte in den Salon. Der Förster hatte das Telefon in der Hand, sagte: »Das ist das grausamste Gesetz der Natur, ich war mit meinem sieben Jahre alten Jagdtier auf Pirsch, mein Hund suchte ein angeschossenes Gamskitz, plötzlich stürzte ein Adler vom Himmel, haute seine Krallen in den Hund, flog mit der Beute davon. Ich als Förster griff zum Gewehr, ich zögerte, schoss nicht, Adler stehen unter Naturschutz, er hat sich seine Nahrung geholt, sagte ich später«, sagt der Herr Förster am Telefon und singt weinend:

Mutterl? Unterm Dach ein Nesterl gebaut?
Schau? Schau? Schau?
Ja, schau, dort hat der Dompfaff ein Pärchen getraut, trau, trau, trau, ja, trau.
Da sieh nur, wie glücklich die beiden sind.
Sie fliegen hin und her, sie fliegen hin und her.
Ach, Mutterl, wär ich ein Schwalbenkind, wie schön, wie schön das wär, das wär!
»Du können gehen«, hat er mir gesagt. Ich bin gegangen.
Ich bin gegangen. Eine Leiche fliegt im Himmel tralala Himmel Leiche Wasser Leiche tralala überall Mörder tralala in grüner Hose, rosa Bluse mit Plastiktüte befand ich mich in einem Intercity.
Die Schönheiten, die ich aus dem Zugfenster gesehen habe, kann ich Ihnen hier nicht beschreiben, ich bin eingeschlafen. Ich wurde wach mit einem Geräusch wie birch birch birch ... es war auch dunkel, ich dachte, jemand furzt im Dunkeln, das war aber ein Mann, und er küsste die in hellen Strümpfen sitzenden Knie von einer schwarzen Dame und sagte: »Bald ist dieser Tunnel vorbei, und ich weiß über Sie nicht mehr, als dass Ihre Brüste 96 Zentimeter sind, Sie haben mir ganz unsportliche Gedanken gemacht.« Ich habe ihn mit einem Auge gesehen, er sah wie eine dauernd gähnende Schlange aus, aus seinem Mund lief Wasser über die hellen Strümpfe der schwarzen Dame, und neben seinen Knien fließt aus umgekippten Bierflaschen Bier auf den Boden. Ein Bier-Mann furzt seine Liebe auf die hel-

len Strümpfe. Die hellen Strümpfe sagten aber: »Fassen Sie mich nicht an, ich habe Krebs, Sie müssen meinen Krebs nicht anfassen, sage ich Ihnen.« Der Bier-Mann furzte schneller, sagte: »Sie lügen, ich liebe Sie, ich kenne die Frauen mit Krebs, Sie sind kein Krebs, aber Wassermann sicher, Sie sind sexy. Birch birch, und ich bin ein Steinbock. Birch, birch.«
Ich bin wieder eingeschlafen, habe sogar geträumt: Da war eine lange Schlange, die lief an der Wand zu einem Waschbecken, kaum landete sie am Waschbecken, machte es pffloopppu, und die Luft ging raus, sie wurde so klein wie ein Fingernagel. Es war eine Plastikschlange, und sie sang:
Heut marschiert die Garde auf.
Alle Mädchen freun sich drauf,
und der Hauptmann schaut,
und der Hauptmann schaut,
zu den Fenstern stolz hinauf,
Und das Waschbecken sang:
Wär ich selbst doch ein Soldat,
wär ich guter Kamerad.
Aber ich bin ja nur die Monika,
und das ist so furchtbar schad!
Darum schließ ich meine Wünsche
tief im Herzen ein,
doch mein Schatz darf, wenn ich groß bin,
nur ein Leutnant sein …
Und die Schlange sang: Geht die Zeit, geht die Zeit, Liesel trägt ein langes Kleid und hat einen Schatz usw. usw.

Ich wurde wach. Der Tunnel war vorbei, ich bin in einem Hochhaus ausgestiegen. »Ich bin da«, habe ich gesagt.
»Die Treppen werden täglich geputzt«, haben sie gesagt. Ich hatte die Plastiktüte mit, da habe ich einen Eimer gekriegt. Die Treppen. Lange, lange Treppen. Viele Füße. Füße rauf, Füße runter. Eine Nacht habe ich geträumt, im Zimmer liefen zwei Füße nur bis zum Knie. »Jemand ist im Zimmer, Gott sei Dank bin ich wach«, sagte ich zu mir, in diesem Moment fliegen diese Füße über das Bett und kommen als Wolf wieder runter, ich bin aufgestanden und habe mit dem Messer etwas in meinen kleinen Finger geschnitten, damit ich in der Nacht wach bleibe.
Einen Tag war der erste Stock böse auf den 5. Stock. Hinter den Türen hat der erste Stock gesungen. So: Mir ist so komisch zumute, ich ahne und vermute: Heut' liegt was in der Luft, ein ganz besondrer Duft, der liegt heut' in der Luft.
Dieser besondere Duft, der liegt heute in der Luft, war oft da! Ich kann Ihnen sagen, warum: Diese Hochhaus-Menschen haben in der Nacht, denke ich, vor manche Türen geschissen. Morgens waren die Scheißhaufen getrocknet, man konnte sie leicht in den Eimer tun, vor manchen Türen habe ich zerschlagene Eier gesammelt. Alles wieder in den Eimer getan. Hinter den Türen hörte ich die Leute singen!
Eine Männerstimme: Ich bin dein Nachtgespenst,
dein süßes Nachtgespenst,
Ich weck dich, wenn du pennst,

so oft, bis du mich Liebling nennst,
sei bloß nicht so erschreckt,
du wirst nur aufgedeckt,
und wenn du aufgedeckt,
dann wirst du wieder zugedeckt.
Dann hat eine Frauenstimme gesungen – So:
Ich hab für dich 'nen Blumentopf,
'nen Blumentopf bestellt,
und hoff', dass dir der Blumentopf,
der Blumentopf gefällt.
Ich kannte allmählich mehrere Geräusche des Hochhauses: Klosette, Fernsehen, Kanarienvögel, Leberwurst- und Blutwurst-Gespräche und Knack Knack. Diesen Knack Knack habe ich sogar gesehen mit meinen Augen, das war ein Mann. Ich hörte, dass er immer im Zimmer mit Fingern, mit Nacken, mit Fußzehen, mit seinem Rücken knackte. Dann knackte er auch oft mit seinem Schwanz. Einmal aber dieses Knacken haute nicht richtig hin, er musste zum Krankenhaus gebracht werden, sein Schwanz in der Hand auf der Treppe, wie eine ganze Wassermelone, weil zwischen Haut und geknackte Nerven Blut floss, und das machte ihn so dick. Im Krankenhaus haben sie ihm gesagt, er soll nie wieder mit dem Schwanz knacken, und haben sie ihn geheilt. Er hat gesagt: »Ich war doch nicht der Einzige mit der Knackerei, das ist ein Volkstanz, das habe ich im Krankenhaus gesehen«, sagte er. Die Frau Köhler habe ich aber nicht gesehen. Ich wollte gerne. Einmal hätte ich sie beinah sehen können. Vor ihrer Tür stand ein Mann

in Grün. Klingelte und sagte: »Hallo, ist jemand da, ist niemand da, hallo, ist Frau Köhler da, hallo, ist Witwe Köhler zu Hause?« Da rief die Frau hinter der Tür: »Was, Witwe, nein.« Der Mann in Grün sagte: »Wetten dass, Ihr Mann ist gerade aus dem achten Stock gefallen.« Die Frau Köhler sagte: »Ich kann nicht lachen, ich habe aufgesprungene Lippen.«

Am nächsten Nachmittag wollte ich Müll runterbringen in den Mülleimer. Ich machte Mülltonnendeckel auf, drinnen war eine tote Frau, der Kopf unten, die Beine schauten zum Himmel. Zwei Gastarbeiter kommen vorbei, sehen das und sagen, auf die Frau zeigend: »Guck mal: Standard. Die hätten wir noch 30 Jahre gebraucht.« Ich machte die Mülltonne zu, dachte, ich kenne alle Lieder dieses Hochhauses, es ist Zeit wegzugehen ... Wenn man in seinem eigenen Land einmal getötet ist, kann man überall schlafen, egal wo, ich hatte die Kuh nicht gefüttert, ich hieß Frau Scheiße, ich brauchte ein neues Bett und Bettlaken.

Die Trödlerin, das Bettlaken.
68 Jahre alt, bei der ich die Wäsche kaufte ...
»Ich habe zwei Kriege mitgemacht. Meine Tochter
Sie hat Zyfillus gekriegt
Ärzte haben gesagt
Sie braucht Kinder, so wird sie geheilt
Jetzt hat sie 4 Kinder, geht es ihr gut – sie ist in Holland verheiratet
Damals haben die Großen
uns unsere Kinder weggenommen

Wer über 12 Jahre alt war
Musste im Krieg arbeiten
Und dann 1941/1945 habe
ich 2 verloren
Meine Schwester auch
Ich habe mir Tabletten gekauft
Gute Tabletten
Ich will keinen Krieg mehr mitmachen
für das Laken geben Sie 3 Mark, das reicht, sie sind auch gewaschen.
Sie sind wohl nicht von hier, Sie sind aber nett, arbeiten Sie hier bei uns.«
Ich sagte: »Ja, ich putze.« Die Trödlerin sagte: »Sieh an, putzen. Sie sind so eine schöne Frau, Sie hätten auch Schauspielerin sein können am Theater.« Ich dachte – Warum nicht – Warum nicht. Das Bettlaken in der Hand, dachte ich an alle anderen Toten, die auf der Bühne ihre Rollen spielen! Die Bösen gewinnen im Leben, aber die Toten dürfen auf der Bühne ihren Blödsinn machen. *Hamlet, Ophelia, Richard der Dritte, Nathan der Weise, Georg Heym, die Stumme Kathrin, Woyzeck, das Pferd, Danton, Robespierre, Frl. Julie, van Gogh, Artaud, Marie, Rimbaud, die Totengräber, alle Narren von Shakespeare, alle toten Boten, Matrosen, Medea, Cäsar ...*
Blödsinn habe ich selbst genug:
Die Bühne ist ein einziges Männerpissoir, Cäsar, der Hauptpisser, gibt drei Journalisten Interview: Dass er dafür kämpfen wird, dass dieses Pissoir weniger Gestank haben wird als vorher, und lässt Kleopatra die Pissbecken saubermachen. Sie tut

es, und als Rache fickt sie mit mehreren Männern, die dorthin pissen kommen, und alle kriegen Trichomonaden – wie Limonaden. Medea kämpft dafür, dass die Frauen auch ins Männerpissoir reinkommen dürfen, und streichelt dabei die Eier von Brutus. Rimbaud läuft mit einem Holzbein und murmelt: »Du Welt! Da klingt das klare Lied neuer Unglücke!«
Da läuft Fernsehen, die Plastikschlangen schauen sich im Fernsehen Fußball an. Sie haben Boxerhandschuhe an.
Eine Plastikschlange setzt sich auf den Pelzmantel einer Frau und sagt: Sie sind so schön, Madame, Sie sind mein Ideal, und die Frau, die gerade die volle Einkaufstasche in der Hand hat, sagt: »Und du – du gefollost mir auch ganz gut! Du! Du!«
Der Geist von Hamlets Vater kann nicht pinkeln und weint und sagt: »Der Schnee, der ist schuld, wenn der Schnee auf den Feindfeldern nicht runtergekommen wäre, hätte ich auch meinen Kameraden nicht gegessen, sein Oberschenkel sitzt in meinen Eiern und trinkt meinen Urin.« Dann die Mutter von Hamlet singt – Gertrude muss schön singen: »Papa, ich hab für dich 'nen Blumentopf, 'nen Blumentopf bestellt und hoff', dass dir der Blumentopf, der Blumentopf gefällt. Georg Heym kommt, und der Geist von Hamlets Vater steigt auf seine Schultern, und der Georg sagt: »Ich kann dich nicht mehr tragen, Papa, steig ab.« Ophelia macht im Männerpissoir den Boden sauber vom Samen eines onanierenden Angestellten und schüttet den Samen auf den blauen, frisch gestärkten Rock von Hamlets Mutter.
Der Totengräber tritt auf und sagt: »Ich glaube nicht nur an den dritten, sondern auch an den vierten Weltkrieg«, und dann lacht er und schickt Ophelia Branntwein holen. Ham-

let sieht, dass Ophelia weggeschickt wird, tritt auf mit Medeas Kindern, Horatio und Statisterie, sieht seine Mutter und ihren blauen Rock mit dem Samen, reißt ihr den Rock aus dem Leibe und schießt mit seiner Pistole in den Samen. Seine Mutter sagt: »O Hamlet, du hast meinen Rock gespalten in zwei.« Hamlet sagt: »O werft die schlechte Hälfte weg und lebt. So reiner mit dem anderen Teil. Gute Nacht.« Dann besetzt er mit Horatio und Statisten und Medeas Kindern das Männerpissoir. Da treten Hitler und Eva Braun auf und sprechen zu den Statisten: »Wenn ihr so weitermacht, geht ihr lieber in die andere Hälfte, euer Platz ist hinter der Mauer, und die schöne Autobahn könnt ihr dann nicht mal in euren Träumen betreten. Wisst ihr, was man in unsrer Zeit mit euch gemacht hätte: Auf euren Hintern hättet ihr was Schönes gekriegt«, und gibt dem Prinzen, seinem Hund, ein Wurststück, das er aus der Handtasche der Eva Braun holt. Und alle Plastikschlangen lachen als Playback und sagen: »Ich stehe sehr auf Schalke.« Und der dicke Hund sagt: »Lacht nicht, ich entscheide hier, wer der Jude ist«, und beißt den Hamlet.
Die Schlangen singen im Chor, Schalke, Schalke, so schön wie heut, so müsst' es bleiben – so müsst' es bleiben
Für alle Zeit
Dann könnte nichts das Glück vertreiben, es müsste es bleiben
In Freud und Leid.
Hamlet sagt: »Ich bin tot, Horatio, elende Königin. Adieu.
Euch, die bleich stehen und zittern vor dem Fall
Stumm und Betrachter nur in diesem Schauspiel
Hätt' ich nur Zeit, der Tod ist ein Beamter und verhaftet pünktlich eh ich könnte Euch sagen, doch mag es hingehen Horatio, ich bin tot

Du lebst, erkläre mich gut und meine Sache
Den Unzufriedenen.«
Da kommt Ophelia mit Branntwein, Hamlet trinkt und setzt sich auf ihren Schoß! Die Mutter sagt: »Komm hierher, mein lieber Hamlet, sitz bei mir.« Hamlet sagt: »Nein, gute Mutter, hier der Magnet zieht mehr, das ist ein schöner Gedanke, zwischen den Beinen eines Mädchens zu liegen und reden, dass man gegen eine Zweierbeziehung und gegen die Abhängigkeit des Liebens ist.« Wenn Hamlet bei Ophelia ist, werden Medeas Kinder geschlagen von den Plastikschlangen mit den Boxerhandschuhen, da wird auch Licht ausgemacht, da kommt der van Gogh, trägt einen Hut, auf dem 12 Kerzen befestigt sind, und malt das Pissoir nur mit schwarzen Farben! Artaud kommt, steht als Profil da, dichtet: »Es gibt keine Gespenster in den Bildern von van Gogh, keine Visionen, keine Halluzinationen.
Dies ist die brennend heiße Wahrheit der Sonne um zwei Uhr nachmittags. Ein träger Zeugungsalptraum, der sich nach und nach aufklärt, ohne Alptraum und ohne Wirkung.
Doch das Leiden des Vorgeburtlichen liegt darin.« Der Hund von Eva Braun beißt die Kinder von Medea und die Statisten, Nathan der Weise tritt auf und sagt, er sei der Friedenspfarrer mit Nobelpreis, man solle Medeas Kinder und Männerpissoirbesetzerstatisten in Ruhe lassen.
Die Plastikschlangen sagen Schalke, Schalke und telefonieren mit einem hohen Beamten, der in seinem Hotelzimmer den Arsch einer Schwester Ophelias in der Sonne betrachtet und dabei am Telefon sagt: »Beißt, damit eure durch die täglichen Beißübungen geweckte Sehnsucht erfüllt wird.« Er sagt zu

der Schwester Ophelias: »*Jetzt ziehen Sie sich an, gehen Sie ins Badezimmer, denken Sie, ich bin der Polonius, Ihr Vater.*«
»*Hallo Schalke, hier ist Falke, beißen, bitte antworten – und Sie gehen raus und kommen als Ophelia aus Lateinamerika rein, und zeigen Sie mir Ihren von der lateinamerikanischen Sonne verbrannten Arsch, und dabei schmieren Sie Ihren fond de teint auf meine linken Eier.*« »*Hallo Schalke, hier ist Falke, beißen.*« »*Schmieren Sie, langsam, Woyzeck, Entschuldigung, Ophelia, langsam ...*«
Die Plastikschlangen beißen die Kinder von Medea und Statisten, Hamlet ist besoffen und kriegt seine gespielten Orgasmen, Ophelia sagt zu ihm: »*Hamlet, tue nicht so – gib dir nicht Mühe, ich weiß, du willst gerade an dein Morgen, wo du dir dein Begräbnis vorstellst, denken – aber du denkst, dass du bei der Sparkasse vorbeigehen sollst und vom Delikatessenladen den Espresso-Kaffee holen sollst, weil du denkst – warum nicht, wenn ich es mir leisten kann, dann willst du mit deiner Mama telefonieren, weil sie jemand kennt, der die Adresse weiß von einer Dreizimmerwohnung, und du willst deinen Lieblingskäse holen, bevor du mit deiner Mutter telefonierst.*« *Hamlet sagt darauf* »*Ophelia, meine Geliebte, merkst du nicht, ich werde gerade gefoltert, die Wassertropfen, die mit Pausen ins Gesicht tropfen, das ist doch chinesische Folter, die Chinesen sind da, die Chinesen sind da.*«
Ophelia sagt: »*Ja, sie sind auch da, aber das ist kein Wasser, das sind die Tropfen von Coca-Cola.*«
Hamlet sagt: »*Das unentdeckte Land, von dessen Grenzen kein Reisender wiederkehrt, den Willen verstört.*«
Medeas Kinder und die Statisten schreien: »*Auu auuu Mensch,*

ihr beißt so brutal.« Der Friedenspreis-Nobelträger Nathan der Weise wird auch gebissen, und der Hund schreit: »Ich entscheide, wer der Jude ist, alles Jude, alles Jude.«

Da kommt Cäsar und es wird alles still, Cäsar, der beliebteste Mann mit Rechts- und Links-Erkenntnis, taucht auf mit seiner jungen Geliebten, die muss hinter ihm stehen und leiden, und wenn das Gebiss von Cäsar zu klappern anfängt, soll sie ihm in den Arsch treten, damit das Gebiss sich auf seinen Platz findet und weiterredet.

Cäsar sagt: »Es ist alles Quatsch, die Plastikschlangen sollen sich hinsetzen und knack knack machen, und die Statisten sollen ihre wenigen Texte so gut betonen lernen, dass die Schlangen davon überzeugt sind, und Hamlet, hör auf mit deinen Orgasmen, du bist nicht mal richtig politisch, Hamlet, du gehst ab sofort in die Dritte-Welt-Länder-Pissoirs und bringst den Leuten bei, was Humanismus ist.«

Artaud will die Hamlet-Mutter erwürgen, aber schafft nur, dass der Blumentopf runterfällt und kaputtgeht: Hamlets Mutter weint. Hamlet umarmt sie, singt: »Mama, du sollst doch nicht um deinen Jungen weinen, Mama, nun wird das Schicksal wieder uns vereinen.«

Kleopatra macht das Pissoir mit Ata sauber und singt für Hamlet:

»Wärst du doch in Düsseldorf geblieben!

Schöner Playboy, du wirst nie ein Cowboy sein! Wärst du doch in Düsseldorf geblieben! Das wär besser für dich und für mich und für Düsseldorf am Rhein!«

Hamlet bereitet seinen Rucksack vor, die Schlangen beißen einen Statisten, einen Knaben, zu Tode, die Mutter von Woyzeck tritt als singende Tote auf, erzählt das Märchen:

»Es war einmal ein arm Kind und hat kein Vater
War alles tot war niemand mehr auf der Welt
und es ist gegangen und hat gesucht Tag und Nacht
Und wie auf der Erd niemand mehr war
Wollt's in Himmel gehen und der Mond guckt es so freundlich an
und wie es endlich zum Mond kam
War's ein Stück faul Holz und es ist zur Sonn gangen
und wie es zur Sonn kam ...«
Cäsar lässt die singende Woyzeck-Mutter rausschmeißen aus diesem Männerpissoir und schreit hinterher: »Ich will hier politisches Märchen hören, nicht Märchen politisch ...«
Die Plastikschlangen mit den Boxerhandschuhen wollen hinter der Woyzeck-Mutter her, sie wollen diese singende tote Frau noch mal töten. Cäsar ruft sie zurück: »Guckt euren Fußball erst zu Ende.« Cäsar ruft die Messalina zu Hilfe: »Mach was, mach was«, sagt er. Messalina setzt sich ins Fernsehen, mit einem gemachten englischen, französischen Akzent erzählt sie das Fußballspiel weiter, Schalke mit Akzent. Alle Plastikschlangen kriegen ihre Orgasmen, und Messalina singt sanft:
»Was machst du
mit dem Knie, lieber Hans
Mit dem Knie, lieber Hans
Beim Tanz.«
Same kommt und sagt: »Die Herzen von Menschen sind schwarz und voller Scheiße.«
Cäsar sagt lachend zu allen:
»Findet mich gut – sonst töte ich euch!«
Dann ist Ende.

Ich habe es euch doch gesagt, ich habe so viel Blödsinn wie alle Toten. So bin ich gelaufen, Blödsinn in der Hand, Bettlaken im Kopf, o Pardon, umgekehrt, bis zum nächsten Theater.
»Ich bin so eine schöne Frau, ich kann auch Schauspielerin sein an diesem Theater«, habe ich gesagt. »Hier ist die Bohnermaschine, die Bühne wird täglich gebohnert, haben sie gesagt, nein, hier ist die Bohnermaschine, haben sie gesagt, die Bühne wird täglich gebühnert, die Bohne wird täglich gebohnert, nein, nein, die Bühne wird täglich gebohnert.«

Das war es.

INHALT

7 Mutterzunge

17 Großvaterzunge

57 Karagöz in Alamania
Schwarzauge in Deutschland

121 Karriere einer Putzfrau
Erinnerungen an Deutschland